人気パティスリー&人気レストラン
チーズケーキの技術

Cheesecake

旭屋出版

人気パティスリー　チーズケーキの技術
Contents

014　　PÂTISSIER **SHIMA**

パティシエ・シマ

016　クレーム・アンジュ

020　　Pâtisserie & Café **DEL'IMMO**

パティスリー＆カフェ デリーモ

022　ドゥー・フロマージュ

027 Avril de Bergue
ベルグの4月

032 フロマージュ・パッション

036 サント・モール・ド・トゥーレーヌ
シャビ・レザン

039 トロピカル・フロマージュ

042 アイアシュッケ

046　Pâtisserie Chocolaterie Chant d'oiseau
パティスリーショコラトリー　シャンドワゾー

048　フロマージュ・キュイ

052　pâtisserie LA NOBOUTIQUE
パティスリー　ラ・ノブティック

054　レース・ブラン

059　tête en l'air
テタンレール

062　ステラ

066　シキタ

人気パティスリー チーズケーキの技術
Contents

069　Delicius
デリチュース

072　ブリ ド モー チーズケーキ

074　ブラン フロマージュ オ ポム

077　PÂTISSERIE étonné
パティスリー エトネ

080　スフレ フロマージュ

082　ピュリ

人気パティスリー チーズケーキの技術
Contents

085　Pâtisserie idée
パティスリー イデ

088　イデのチーズケーキ

090　ネージュ

094　Les goûters
レ・グーテ

096　フフレ

人気レストラン　チーズケーキの技術
Contents

102　Crony
クロニー

104　ハッサクとレモンのチーズタルトケーキ

107　THIERRY MARX
ティエリー・マルクス

110　"白妙" 軽いクリームチーズのムース

113　ベイクドチーズケーキ

116　ESSENCE
エサンス

120　フロマージュブランと酒粕のムース　枡の香り

123　ロックフォールチーズのババロアとアイスクリーム

125　マスカルポーネとクリームチーズのムース　キイチゴ添え

128　LA SORA SEED
ラ・ソラシド

130　ゴルゴンゾーラのチーズケーキ 〜赤色の波長で〜

人気レストラン　チーズケーキの技術
Contents

133　CUISINE FRANÇAISE Les Sens

フランス料理 レ・サンス

136　クリームチーズのエスプーマ ライチ風味

138　温かいチーズムースと冷たいチーズムースの二重奏

142　French Bar Les Sens

フレンチバル レ・サンス

144　バスクチーズケーキ

146　Bistro LA NOBOUTIQUE-B

ビストロ・ノブティックB

148　クリームチーズのいちじくソース

150　Spanish bar BANDA

スペインバル バンダ

152　バスク風黒チーズケーキ

人気レストランのチーズケーキの技術
Contents

155 Cucina Italiana Atelier Gastronomico Da ISHIZAKI
ダ・イシザキ

160　ティラミス

163　タルト・フロマージュ

166　スフレチーズケーキ

168　カマンベールチーズケーキ

本書を読む前に

● 紹介しているチーズケーキの中には、お店で常時提供していないもの、季節限定で提供するものもあります。また、本書のために
　提案していただいたものもあります。レストランでは、コースの中でのみ提供するものもあります。

● 材料の呼び名、使用する道具・機器の名称は、各店での呼称に準じているところもあります。

● パーツ名や調味料の表記は、取材したお店の慣例に従っています。また、レシピの表記、作り方の表記、分量の単位、ソースや生
　地の仕込み量は各店の表記に従って掲載しましたので、ご了承ください。

● 作り方の説明の中の加熱温度、加熱時間などは、各店で使用している調理機器を使った場合のものです。

● 掲載しているチーズケーキの材料・作り方は、2019年3月〜7月の取材時のものです。盛り付け、付け合せ、皿などは変わること
　があります。

● 掲載店の営業時間、定休日などのショップデータは、2019年8月現在のものです。

人気パティスリー
チーズケーキ
の技術

パティシエ・シマ
PÂTISSIER SHIMA
エグゼクティブ・シェフ **島田 徹**

クレーム・アンジュのクリームは、"自分の身体に流れる血"

日本にフランス菓子を広めたパティシエの1人島田進氏を父に持つ徹シェフ。「チーズケーキ、特にクレーム・アンジュはうちの店にとって最もシンボリックなお菓子でアイデンティティーだと思っています」と語る。美食家キュルノンスキー（ミシュランガイドの初代責任者）が、フランスのアンジェで古くから食べられていたクリームを、「クレーム・シャンティイとは似て非なるおいしさを秘めたクリーム。神様のご馳走」と評したと言われるこのスイーツ。アンジェのレストランで提供されていたこのデザートを、父の進氏は、テイクアウトできるお菓子にアレンジして世に広めた。40年も前のことだ。父から子へ、徹シェフはその美味しさを受け継ぎ、大切に作り続けています。「今はタカナシさんが作っているおいしい国産フロマージュブラン、フェッセルが気に入っています。フロマージュブランの可能性は幅広く、普通はシャンティイを使うお菓子に、このクリームを使うこともあります」。もうひとつの「スペシャルチーズケーキ」は、クリームチーズにサワークリームと生クリームを合わせたアパレイユをクッキーの上に流したもの。これもムッシュ・ルコントの味を引き継ぐ歴史的なお菓子だ。幼い頃からチーズが身近にある環境に育ち、フランスの「チーズ鑑評騎士の会」に所属して、その普及に努めているという徹シェフ。「チーズ文化がない日本において、パティシエのフィルターを通してチーズを知ってもらう機会を提供し続けることが、僕の役割だと思っています」

パティシエ・シマ
住所／東京都千代田区麹町3-12-4 麹町KYビル1F
電話／03-3239-1031
営業時間／10:00～19:00（月～金）
10:00～17:00（土）
定休日／日曜日・祝日
URL／http://www.patissiershima.co.jp

ラトリエ・ドゥ・シマ
住所／東京都千代田区麹町3-12-3 トウガビル1F
電話／03-3239-1530
営業時間／11:00～19:00（月～金）
定休日／土曜日・日曜日・祝日
URL／http://www.patissiershima.co.jp

クレーム・アンジュ
550円(税別)

材料と作り方

クレーム・アンジュ

アパレイユ

材料

ココット　24個分

フロマージュブラン…500g
クレーム・ドゥーブル…250g
生クリーム(42%)…450g
イタリアン・メレンゲ
　卵白…120g
　グラニュー糖…40g
　グラニュー糖…190g
　水…70g

ビスキュイ・ア・ラ・キュイエール
アパレイユ

ガーゼに包まれた独特の佇まいが、深い印象を刻むお菓子。フロマージュブランの乳風味を引き出すためにクレーム・ドゥーブルを加え、生クリームを混ぜ、イタリアン・メレンゲを合わせたアパレイユの中に、赤いフルーツのソースを浸したビスキュイを閉じ込めた。美食家キュルノンスキーが絶賛したフランス・アンジェ地方のデザートを、テイクアウトが出来るようにアレンジしたこのお菓子は、半世紀に迫る歴史を持ち、パティシエ・シマの代名詞とも言える存在だ。

1

イタリアン・メレンゲを作る。グラニュー糖と水を電磁調理器で118℃まで沸かし、シロップを作る。

2

卵白を泡立てる。グラニュー糖を3回に分けて加える。

※このお菓子はイタリアン・メレンゲ、フレンチ・メレンゲ、スイス・メレンゲのどれでも作ることができる。店では製品を冷凍するためイタリアン・メレンゲを使用するが、催事などで実演する場合はフレンチ・メレンゲで作る場合もある。濃厚でクリーミーなものがよいか、ふわっとしたものがよいか、食感の好みで使い分けるとよい。

016

PÂTISSIER SHIMA　パティシエ・シマ

3

フロマージュブランは水分と固形分が分離していることがあるため、スパテラで混ぜてから使用する。ガーゼにあけて冷蔵庫に1時間程度置く。その間に、ココットにガーゼを入れておく。

4

ボウルにクレーム・ドゥーブルを入れる。クレーム・ドゥーブルは乳脂肪40%で固形状。フロマージュブランも生クリームも水分が多いので、フロマージュブランの乳風味を生かすために加える。

5

クレーム・ドゥーブルにフロマージュブランを加えて合わせる。ゆるめに泡立てた生クリームを加え、氷水に当てながらよく混ぜる。

6

イタリアン・メレンゲを一度混ぜて加える。最初はホイッパーで混ぜ、ある程度混ざったらスパテラで混ぜる。

7

絞り袋に入れて、ガーゼを敷いたココットに絞る（1個につき50〜60g）。スプーンで縁をすり上げる。

8

冷凍したビスキュイ・ア・ラ・キュイエールを入れる。アパレイユを再び、山になるように絞る。底を叩いてならす。ガーゼで包み、急速冷凍庫に入れる。

材料と作り方

クレーム・アンジュ

2

卵黄とオレンジフラワーウォーター(写真0316)を合わせたものを加える。

※かつては卵の臭みを消すために香り付けとして加えていた。島田シェフは、オレンジフラワーウォーターを加えたメレンゲの香りが好きなので使っている。

3

ボウルにあけ、薄力粉を加えてスパテラで混ぜる。

ビスキュイ・ア・ラ・キュイエール

材料

卵白…3個分
グラニュー糖…75g
乾燥卵白…3g
卵黄…3個分
オレンジフラワーウォーター
　…適量
薄力粉…80g

1

卵白を泡立てる。グラニュー糖をふたつまみほど加えた乾燥卵白を合わせたものを加える。グラニュー糖を3回に分けて加える。

ソース・フランボワーズ

材料

フランボワーズ・ジャム…10g
フランボワーズ・ピューレ…250g
シロップ(Be30°)…150g
クレーム・ド・フランボワーズ
　…45g
キルシュ…10g
レモン果汁…5g
フランボワーズ濃縮果汁…適量

1

フランボワーズ・ジャムにフランボワーズ・ピューレを加えて混ぜる。

2

シロップを加えてホイッパーで混ぜる。クレーム・ド・フランボワーズ、キルシュ、レモン果汁を加える。

3

フランボワーズ濃縮果汁を加えて混ぜる。

018

PÂTISSIER SHIMA　パティシエ・シマ

7

ラップを密着させてよく浸み込ませる。グリルにのせて冷凍庫で冷やし固める。

5

はさみで1/4にカットする。ソースがよく浸み込むように切り込みを入れる。

6

ソース・フランボワーズに浸す。フォークで押してよく浸み込ませる。

4

絞り袋に入れてセルクルに絞る。160℃のオーブンで約10分間焼成する。焼き上がった生地。

パティスリー＆カフェ デリーモ
Pâtisserie & Café
DEL'IMMO

シェフ・パティシエ　江口和明

ショコラティエの感性が光る、新しいタイプのチーズケーキ

2014年、東京・赤坂にオープンし、18年春、東京ミッドタウン日比谷に移転した「パティスリー＆カフェ デリーモ」。コンセプトは"食事やお酒も楽しめるショコラティエ＆パティスリー"で、ケーキやパフェ、パスタなどをワインと一緒に楽しむ人で賑わっている。料理人と栄養士を両親に持ち、天性の味覚に恵まれた江口シェフは中学生の頃、母親が誕生日に買ってくれたパティシエ イナムラ ショウゾウのモンブランのおいしさに感動してパティシエを目指し、主にショコラトゥリーで修業を重ねた。きらびやかなプティ・ガトーはすべてにショコラが使われ、だからこそ目を引く唯一のチーズケーキ「ドゥー・フロマージュ」も、ブロンドチョコレートのグラサージュで覆われている。「ショコラティエがチーズケーキを作ったらどうなるかというのが発想の原点。皆が大好きなベイクドチーズケーキに、レモンを合わせる代わりにベルガモットとパッションフルーツのクリームを1層入れ、チーズの奥行きを引き出すために、カリッとしたアーモンドが香ばしいグラサージュをコーティング。カフェに座ってコーヒーと一緒に楽しんでいただくために、油脂分をプラスする意図でマスカルポーネのシャンティイを絞って仕上げています。いろいろなパーツが合わさることで、いろいろな香りを楽しんでいただけることでしょう。もしかすると『これはチーズケーキではないね』と言われてしまうかもしれませんが、これをチーズケーキと呼ぶショコラティエがここにいて、その感覚が『新しい』と感じてもらえることが重要だと考えています」

住所／東京都千代田区有楽町1-1-3　東京ミッドタウン日比谷B1F
電話／03-6206-1196
営業時間／11:00〜23:00
定休日／施設に準じる
URL／www.de-limmo.jp
他に目白店、渋谷ヒカリエ店、京都店

ドゥー・フロマージュ
480円(税別)

材料と作り方

ドゥー・フロマージュ

シャンティイ・ヴァニーユ
クレーム・パッション・
エ・ベルガモット
チーズケーキ・ベース
クランブル・アマンド

クランブル・アマンド

材料

直径5.5cm、高さ4.5cmのシリコン型
約24個分

バター…600g
ブラウンシュガー…600g
薄力粉…540g
ノワゼット・プードル(皮付き)
　…200g
アマンド・プードル(マルコナ)
　…600g
カカオバター…400g

1 通常の製法で生地を仕込む。4mm厚にのし直径4cmの抜き型で抜く。
150℃のオーブンで約20分間焼成する。
焼成後、カカオバターを染み込ませる。

チーズケーキ・ベース

材料

クリームチーズ…300g
マスカルポーネ…264g
全卵…116g
冷凍卵黄(加糖20%)…20g
グラニュー糖…144g
生クリーム(35%)…76g
薄力粉…280g
オレンジ果皮(すりおろし)…1g

1

ロボクープに2種類のチーズを入れて混ぜる。

クリームチーズとマスカルポーネを合わせた濃厚なベイクドチーズケーキに、心地良い酸味が際立つベルガモットとパッションフルーツのクリームを重ね、チーズの風味を引き立てるブロンドチョコレートとアーモンドのグラサージュをコーティング。底生地のノワゼットとアーモンドのクランブルが香ばしく、全体の味わいを引き締める。マスカルポーネのシャンティイをたっぷり絞り、華やかな仕上げに。チーズと柑橘、ふたつの味わいが楽しめるという意味でドゥー・フロマージュと名付けた。

Pâtisserie & Café DEL'IMMO　パティスリー&カフェ デリーモ

クレーム・パッション・エ・ベルガモット

材料

パッションフルーツ・ピューレ	…136g
ベルガモット・ピューレ	…100g
板ゼラチン	…5g
全卵	…330g
グラニュー糖	…230g
トレハロース	…100g
バター	…300g

1

2種類のピューレを火にかけ、沸かす。戻したゼラチンを加えて溶かす。

2

ボウルに全卵、グラニュー糖、トレハロースを入れて混ぜる。

3

沸かしたピューレを入れてホイッパーで馴染む程度まで混ぜる。

グラサージュ・ブロンド・ショコラ・アマンド（基本配合）

材料

クーベルチュール・ホワイト	…1000g
クーベルチュール・ブロンド	…200g
カカオバター	…800g
アーモンド（16割）	…280g

1

2種類のクーベルチュールを電子レンジで溶かす。カカオバターを加えて混ぜる。

2

アーモンドを加えて混ぜる。筒状の容器に入れる。37℃位に調温して使用する。

2

全卵、卵黄、グラニュー糖、生クリームを加えて混ぜる。

3

オレンジ果皮を加えて軽く混ぜる。

4

薄力粉を加えて混ぜる。

材料と作り方

ドゥー・フロマージュ

組み立て

1

型の底にクランブルを敷く。

2

チーズケーキ・ベースを絞る(1個につき50g)。

3

180℃のコンベクションオーブンで約35分間焼成する。冷凍庫で冷やし固める。写真は焼き上がった生地。

シャンティイ・ヴァニーユ（基本配合）

材料

生クリーム(35％)…1240g
バニラビーンズ(マダガスカル産／さやから取り出したもの)…2本分
グラニュー糖…150g
トリモリン…10g
板ゼラチン…14g
マスカルポーネ…330g

1

生クリーム、バニラビーンズ、グラニュー糖、トリモリン、戻したゼラチンを合わせて混ぜる。

2

マスカルポーネを加えて高速で混ぜる。出来上がった状態。

4

鍋に戻し、クレーム・パティシエールの要領で炊き上げる。

5

漉す。

6

バターを加えてハンドミキサーで混ぜる。

Pâtisserie & Café DEL'IMMO パティスリー&カフェ デリーモ

9

オレンジピール、ホワイトチョコレート、金箔(すべて配合外)を飾る。

7

金台紙にのせる。

8

星口金でシャンティイ・ヴァニーユを絞る。

4

クレーム・パッション・ユ・ベルガモットを絞る(1個につき20g)。セロハンをのせてならし、冷凍庫で冷やし固める。

5

型からはずし、再度冷凍庫で冷やす。

6

冷やし固めたチーズケーキ・ベースを竹串にさし、グラサージュ・ブロンド・ショコラ・アマンドに浸す。

旭屋出版 新刊のご案内

かき氷
for Professional

氷の知識から売れる店づくり
人気店のレシピとバリエーション

夏場には行列、いまや冬にも売れる「かき氷」。
かき氷メニュー開発のすべてを網羅した専門書

かき氷 for Professional

旭屋出版編集部・編
定価：本体3,000円＋税
A4変形判
オールカラー180ページ

● かき氷の技術と経営

● かき氷の「氷」について

● かき氷店を100年続けるために
　監修／『埜庵』店主・
　かき氷文化史研究家
　石附浩太郎

● かき氷の「シロップ」
　監修／IGCC代表　根岸 清

● 人気店のかき氷レシピ

● 掲載店
Adito／Café Lumière／komae café／BWカフェ／Dolchemente
吾妻茶寮／あんどりゅ。／kotikaze／かき氷 六花

● 行列店のかき氷バリエーション

● 掲載店
Cafe&Diningbar 珈茶話 Kashiwa／氷舎 mamatoko
KAKIGORI CAFE&BAR yelo／和Kitchen かんな／氷屋ぴぃす
二條若狭屋 寺町店／べつばら／kakigori ほうせき箱
おいしい氷屋 天神南店

お申し込みは、
お近くの書店または旭屋出版へ

旭屋出版　販売部（直通）TEL03-5369-6423
http://www.asahiya-jp.com
東京都新宿区愛住町23番地2　ベルックス新宿ビル11 6階

Avril de Bergue
ベルグの4月

シェフパティシエ 山内敦生

ベイクド、レア、アントルメグラッセと、季節のチーズケーキも!

チーズケーキは人気があるので、ベイクドタイプとレアタイプを常時用意するという山内敦生シェフ。通年出すもののほか、季節商品としてのチーズケーキも出す。同店は、アントルメグラッセを常時12種類ほど用意しているのが特徴で、チーズを使ったアントルメグラッセもラインナップの中に加えている。たとえば、「サンモレ」は、キイチゴのソルベ入りクリームチーズのアントルメグラッセ。ベイクドタイプの定番では、「タルトフロマージュ」。レアタイプの定番は、今回紹介しているものの一つ「フロマージュパッション」。焼き菓子では、オランダのエダムチーズを使用した甘じょっぱいサブレの「サブレフロマージュ」、エダムチーズとアーモンドとスパイスを混ぜたクッキーの「フロマージュ」。今回紹介する「トロピカル・フロマージュ」のような夏向けのクレーム・フロマージュと南国フルーツのコンフィチュールを合わせたさっぱりとしたチーズケーキなど、豊富なバリエーションで展開している。『ベルグの4月』に入ったのち、フランス・リヨンの『SEVE』、ルクセンブルグの『OBERWEISE』など、ルレディセールの会員の店で研鑽を積み、2010年に『ベルグの4月』に戻った山内敦生シェフは、ヨーロッパの伝統菓子への思い入れもある。今回、紹介する「アイアシュッケ」もその一つ。現在、同店では、アントルメグラッセの宅配での贈答用注文が非常に多いという。冷凍して配送できる「アイアシュッケ」などは、今後、レギュラー商品にすることも視野に入れているという。

住所／神奈川県横浜市美しが丘2 19-5
電話／045-901-1145
営業時間／9:30〜19:00
休業日／設備点検のため年3日ほど休業(ホームページ等で告知)
URL／http://www.bergue.jp/
SNS等で最新情報を更新中

フロマージュ・パッション(直径15cm)
3350円(税別)

サント・モール・ド・
トゥーレーヌ
販売せず

シャビ・レザン
販売せず

トロピカル・フロマージュ
夏期のみ販売 520円（税別）

030

アイアシュッケ
販売せず

フロマージュ・パッション

- クレーム・シャンティ
- ムース・フロマージュ
- パッションポンシュを しみ込ませたジェノワーズ
- ジェノワーズ
- パート・シュクレ

アングレーズ

材料

5号1台分

- 卵黄 …56g
- グラニュー糖 …60g
- 牛乳 …200g
- 板ゼラチン …14g

1

アングレーズを作る。卵黄とグラニュー糖をすりまぜる。

2

牛乳を温め、その一部を加えて混ぜ、それを牛乳を温めた鍋に戻し、弱火で80℃まで炊く。

通年、提供しているムース・フロマージュ主体のチーズケーキ。サワーフロマージュソフトとフロマージュブランを配合し、アングレーズと合わせてムースにする。そのムース・フロマージュの間に、パッションポンシュをたっぷりしみ込ませたジェノワーズをはさんで、風味のアクセントに。上にフレッシュのパッションフルーツをのせるとともに、ジュレ・ド・パッションを入れたスポイトも飾りに。好みでスポイトのジュレ・ド・パッションをかけながら味わってもらう趣向。型にムース・フロマージュを流したら、まず4時間ほど冷蔵してゼラチンをしっかり固めてから冷凍する。いきなり冷凍すると離水しやすいからだ。

Avril de Bergue　ベルグの4月

ムース　フロマージュ

材料

5号1台分

サワーフロマージュソフト
　…600g
フロマージュブラン…300g
グラニュー糖…74g
アングレーズ※…330g
生クリーム(35％)…600g

1

冷たいサワーフロマージュソフトと、冷たいフロマージュブランをなめらかに合わせて、グラニュー糖を加えて混ぜる。

2

アングレーズを3回に分けて混ぜ合わせる。

3

水でふやかしたゼラチンを、水気をよく切って加えて溶かす。

4

溶けたらバーミックスで混ぜ、漉して36℃まで冷やす。

3

六分立てに泡立てた生クリームの一部を加えて混ぜたら、それを泡立てた生クリームのボウルに戻し、ボウルをまわしながら、底から大きく泡立て器で混ぜる。

4

ゴムベラに持ち替えて、底から持ち上げるように混ぜる。

材料と作り方

フロマージュ・パッション

組み立て

1 ジェノワーズを5号のサイズと直径10㎝に抜く。直径10㎝に抜いたものにパッションポンシュでしっとりとしめらせ、冷凍する。

2 5号のセルクルにジェノワーズを敷き入れ、幅5センチのフイルムを内側に巻く。

ジュレ ド パッション（スポイト用）

材料

パッションピューレ…100g
グラニュー糖…12.5g
ペクチン（イエローリボン）…3.25g

1 材料を混ぜ合わせ、火にかける。

ジュレ ド パッション（パートシュクレ用）

材料

パッションピューレ…100g
グラニュー糖…12.5g
ペクチン（イエローリボン）…6.5g

1 材料を混ぜ合わせ、火にかける。

ジェノワーズ

材料

フランス鉄板60㎝×40㎝ 1枚分

全卵　…281g
グラニュー糖　…160g
薄力粉　…160g
バター　47g

パッションポンシュ

材料

パッションピューレ…100g
水…100g
シロップ（30ボーメ）…100g
レモン果汁…12g

1 材料をよく混ぜ合わせる。

パートシュクレ

材料

発酵バター…324g
粉砂糖…202g
薄力粉…135g
全卵…95g
アーモンドパウダー…81g
薄力粉…405g

Avril de Bergue　ベルグの4月

4

タルト型に抜いたパート・シュクレにジュレ・ド・パッションを線描きし、②をのせる。

5

側面にホワイトチョコレートを飾り、上にジュレ・ド・パッション入りスポイトとパッションフルーツを飾る。

仕上げ

材料

生クリーム（35%）…適量
グラニュー糖…生クリームの6%
ホワイトチョコレート
ジュレ・ド・パッション入り
　スポイト
パッションフルーツ

1 生クリームにグラニュー糖を合わせて六〜七分立てにする。

2

凍らせたムース・フロマージュの側面、上面に①のクレーム・パティシエールをスパテラで塗る。スパテラ平らに押し付けて離し、凹凸を付ける。

3

3

フィルムの幅の半分までムース・フロマージュを流し入れる。

4

上に冷凍した①の直径10cmのジェノワーズをのせて、フィルムの上までムース・フロマージュを流す。4時間冷蔵してから、冷凍庫に移して固める。

035

サント・モール・ド・トゥーレーヌ

ブラックカカオの粉と粉糖
マジパン
グラスシェーブル

グラス　シェーブル

材料

直径55mm×高さ35mmのセルクル4個分

牛乳…310g
脱脂濃縮乳…220g
グラニュー糖…66g
トレハロース…31g
ハローデックス…40g
パンナネーヴェ…5g
シェーブル…330g

マジパンシェーブル

材料

マジパン…適量
シェーブル…適量
粉糖…適量

1 牛乳、脱脂濃縮乳、グラニュー糖、トレハロース、ハローデックス、パンナネーヴェを鍋に合わせて火にかける。弱火で溶かしたら、バーミックスで混ぜて火からおろして1日冷蔵する。

2
シェーブルのナチュラルチーズを切って、①に加えてバーミックスで混ぜる。

3
アイスクリームマシンに②をかける。成形するので、ジェラートに近い柔らかさで出す。冷凍保存する場合は金属のボウルに入れて冷凍すると固くなり過ぎるので、プラスチックのボウルに入れて冷凍する。

アントルメグラッセを看板商品の一つに置く同店らしいチーズケーキとして紹介。フランスのシェーブルタイプのチーズを使い、そのチーズの名称を冠したアントルメグラッセ。3月～5月の新しい草を食べて出産を迎えるヤギの乳から作られるシェーブルチーズは、フランスでは春～初夏に出回り、その季節を告げるチーズでもある。藁を通して吊るして脱水したり、塩水に浸けて表面に皮を作って保存する。その形状を再現するように、マジパンで周りを巻いて、チーズのようなデコボコを付け、カカオパウダーで彩色。藁も両端に。アイスクリームマシンにかけた後、筒状のチーズの形に戻したいので、アイスクリームはジェラートに近い柔らかさで作るのがポイント。筒状のアントルメグラッセと、白ワイン漬けレーズンでデコレーションしたシャビ・レザンを紹介する。

Avril de Bergue　ベルグの4月

3

以下は冷凍ケースの中で作業をする。グラスシェーブルを4個合わせ包む。つなぎ目をスパテラでこすってきれいにする。

4

マジパンにシロップを塗って、グラスシェーブルに巻く。

5

両端に、シロップを塗った丸く抜いたマジパンを貼る。

組み立て

材料

グラス　シェーブル
マジパンシェーブル
ブラックカカオの粉と粉糖
　を混ぜたもの
ブラックカカオの粉
シロップ（ボーメ30度）

1

アクリル板に粉糖をふって、マジパンペーストをねる。

2

麺棒で伸ばし、14.5×18.5cmに切る。直径55mmのセルクルで抜く。2枚作る。

4

均一に混ぜて直径55mm×高さ35mmの型に絞り袋から詰めて、パレットナイフで表面をならし、冷凍する。

5

凍らせたら、セルクルを掌で転がして温め、型からはずす。

037

材料と作り方

サント・モール・ド・トゥーレーヌ

3

上面の外側からレーズンを置いてから、内側にレーズンを飾る。

組み立て（シャビ・レザン）

材料

グラス　シェーブル
白ワイン漬けレーズン

1

白ワインに漬けたレーズンは、キッチンペーパーの上に置いて水気を切る。

2

型から出したグラスシェーブルは、上面と下面に手を当てて少し溶かす。

6

網の上で転がしてデコボコをつけ、マジパンスティックでつつく。

7

ブラックカカオの粉と粉糖を混ぜたブラックカカオの粉をそれぞれ刷毛で塗って濃淡をつける。チーズを模した表層にし、両端に藁を刺す。

038

Avril de Bergue　ベルグの4月

トロピカル・フロマージュ

- エディブルフラワー
- ドラゴンフルーツなど
- クレーム　フロマージュブラン
- コンフィチュール・トロピカル

コンフィチール・トロピカル

材料

直径6cmのグラス20個分
キウイ …100g
バナナ …100g
パッションピューレ…100g
グラニュー糖…120g
トレハロース…90g
レモン果汁…10g

1

キウイ、バナナは粗くカットし、鍋に入れて、パッションピューレ、グラニュー糖、トレハロースを合わせる。

2

鍋を火にかけて炊き、ブリックス60～62で止める。

6月～8月、気温が上がって軽い味わいが求められる時季に提供するチーズケーキ。クレーム・ドゥーブルとフロマージュブランを合わせたものに、八分立てした生クリームとイタリアンメレンゲを合わせることで軽い口当たりを追求した。トッピングするフルーツは、南国のフルーツを選んで6種類をさいの目にカット。フルーツの色合いがきれいに見えるよう、ライチジュレはフルーツと和えないで上からかけて仕上げる。また、グラスの底に入れるコンフィチュール・トロピカルは、香りのいい完熟のキウイとバナナを選び、食感が残る大きさにカットして作る。コンフィチュール・トロピカルは、とろみをしっかりさせたいので、トレハロースを少し多めに合わせている。

材料と作り方

トロピカル・フロマージュ

3

生クリームを八分立てし、①に少しずつ加えて混ぜ合わせる。

4

続いて④のイタリアンメレンゲを少しずつ加えて混ぜる。メレンゲをつぶさないよう、泡だて器でボウルの底から大きく混ぜる。

5

最後はゴムベラに替えて底から大きく混ぜる。

クレーム フロマージュ ブラン

材料

フロマージュブラン…200g
クレームドゥーブル…200g
生クリーム(35%)…200g
グラニュー糖…140g
水…50g
冷凍卵白…100g
グラニュー糖(冷凍卵白用)…4g

1

フロマージュブランとクレームドゥーブルを混ぜておく。

2

水とグラニュー糖140gを合わせて火にかけ、117℃まで炊く。冷凍卵白にグラニュー糖4gを混ぜ、ミキサーで泡立てる。少しずつ117℃まで炊いたシロップを加える。夏向きの商品なので、キメの細かいイタリアンメレンゲにするのがポイント。30℃になるまで混ぜる。

3

火からおろしてレモン汁を加えて混ぜ、氷水に当てて粗熱を取る。

040

Avril de Bergue　ベルグの4月

4

カットしたフルーツをボウルで混ぜ合わせ、②の上にのせる（約24g）。

5

冷やして固まったライチジュレを砕いて、上に全体にのせる。エディブルフラワーを飾る。

組み立て

材料（1個分）

コンフィチュール・トロピカル
　…35g
クレーム　フロマージュブラン
　…下記の分量
バナナ　…4g
ドラゴンフルーツ（赤）…4g
ドラゴンフルーツ（白）…4g
ライチ…4g
マンゴー…4g
キウイ…4g
エディブルフラワー…1個

1

グラスにコンフィチュール・トロピカルを入れて冷凍する。

2

グラスの縁から3cmのところまでクレームフロマージュブランを絞り入れ、グラスの底を叩いて平らにし、冷蔵する。

3

フルーツはそれぞれ、同じ大きさのさいの目（少し小さめ）にカットする。

材料と作り方

アイアシュッケ

下層

材料

6号1台分

カスタードクリーム…62.5g
フロマージュブラン…125g
サワークリーム…62.5g
グラニュー糖…25g
コーンスターチ…12.5g
全卵…25g

1

グラニュー糖とコーンスターチをすり混ぜ、全卵とよく混ぜ合わせる。

2

ロボクーペにかけて回し、完全に切ったカスタードクリームと①を混ぜ、続いてサワークリーとフロマージュブランと混ぜ合わせる。

ドイツで親しまれているチーズケーキ。上層と下層に分かれているのが特徴の一つ。また、カットしたものは、カフェで注文するとフォークを断面に刺して提供されるのも特徴。家庭でも作られるお菓子なので、いろいろなレシピがあるとされている。今回、紹介するのは、ドレスデンタイプ。上層の生地に薄力粉とコーンスターチを加えている。粉類を入れないレシピもあり、粉類を入れないと少しベチャッした焼き上がりになるが、生地に弾力と食べ応えをプラスしたく、薄力粉とコーンスターチを加え、ふわっとした焼き上がりにした。焼き上がったアイアシュッケは冷凍保存ができる利点もある。

042

Avril de Bergue　ベルグの4月

パートシュクレ

材料

6号1台分
発酵バター…324g
粉砂糖…202g
薄力粉…135g
全卵…95g
アーモンドパウダー…81g
薄力粉…405g

7

シルパットを敷いた鉄板に6号の型を置いてパートシュクレの生地を流し、うっすら色づくまで焼く。

4

泡立てた①と④を混ぜ合わせる。メレンゲの泡をつぶさないように最初は泡立て器で大きく底から混ぜ、続いてゴムベラに替えて、ボウルをまわしながら底から大きく混ぜる。

上層

材料

6号1台分
カスタードクリーム…157.5g
卵黄　…36g
冷凍卵白…72g
グラニュー糖…45g
薄力粉…15g
コーンスターチ…10g

1

卵白にグラニュー糖を全部合わせて泡立てる。

2

メレンゲの泡を消さないようにカスタードクリームは30℃にする。ふるったコーンスターチと薄力粉とカスタードクリームを混ぜ合わせる。

5

卵黄を③と混ぜ合わせる。

材料と作り方

Avril de Bergue　ベルグの4月　　　アイアシュッケ

4

180℃のオーブンで35〜40分焼く。中央がブクッと上がったら焼き上がりのサイン。

5

焼き上がったら冷まし、1日冷蔵する。

6

8等分にカットし、粉糖をふる。

仕上げ

1

①パートシュクレの生地を焼いたら型の内側にベーキングシートを巻く。

2

下層の生地を流し入れて、平らにする。

3

上から上層の生地を流す。下層の生地はやわらかいので、ゴムベラに当てながら流し入れる。

044

わたしは ヴァンドゥーズ
― 洋菓子店、「プロ」販売員のための接客と知識 ―

パティシエ・イナムラショウゾウ シェフ・ヴァンドゥーズ
一般社団法人 全日本ヴァンドゥーズ協会 副会長　**岩田 知子** 著

菓子店の販売スタッフがヴァンドゥーズ。その接客法やマナー、お客様からの質問に対応するための知識、そして、知っておきたいパティシエとの連携、仲間との連携、そして、箱詰めの技術のポイントになるスペーサーの使い方のテクニックまで。プロの販売員として知っておきたいこと、伸ばしたいことをヴァンドゥーズ歴10年の岩田知子さんが体験をふまえて、わかりやすく紹介します。

■ **定価1,500円+税**
A5判216ページ

著者紹介　岩田 知子（いわた　ともこ）
1974年9月21日　東京生まれ。
二葉栄養専門学校卒業後、販売、サービス業に従事。その後、乳業メーカーに転職、営業およびデザートコーディネーターとして勤務。
レコールバンタンにて製菓の基礎知識を学ぶ。
2003年、パティシエ・イナムラショウゾウに入社。
2006年、ジャパンケーキショー　ディスプレイ部門で銀賞受賞。
2009年、一般社団法人　全日本ヴァンドゥーズ協会設立に参加、副会長に就任。
現在、パティシエ・イナムラショウゾウ　シェフ・ヴァンドゥーズとして勤務。商業ラッピング検定2級。

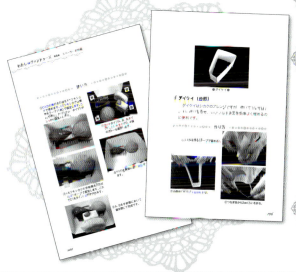

第1章　あなたがデビュタント(新人)なら
- ヴァンドゥーズの基本の基本10ポイント
- デビュタントがよくやる失敗10例

第2章　あなたがコンフィルメ(ベテラン)なら
- パティシエとの連携プレー5例
- ヴァンドゥーズのチームプレー5例

第3章　あなたがシェフ・ヴァンドゥーズなら
- スタッフを教育する時に役立つヒント5例

第4章　こんな時どうする?
- ヴァンドゥーズの問題解決法33例
- 例　焼菓子とブフガトーを、どうしても一つの箱に入れてほしいと頼まれた場合
- 例　「甘いものが苦手な人にお勧めの商品は?」と聞かれた場合
- 例　「すいません、急いでいるんです」と言うお客様への対応
- 例　注文伺いの順番を間違えた場合の対応

第5章　スペーサーの技術
- スペーサー使用のポイント
- スペーサーの種類と作り方、使い方

お申し込みはお早めに!　旭屋出版　https://www.asahiya-jp.com

Pâtisserie Chocolaterie Chant d'oiseau

パティスリーショコラトリー シャンドワゾー

オーナーシェフ 村山太一

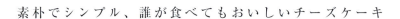

素朴でシンプル、誰が食べてもおいしいチーズケーキ

オープン10周年を迎えた「シャンドワゾー」。今や埼玉県屈指の人気店として知られる。唯一のチーズケーキであるフロマージュ・キュイは、もともと6号サイズを10個にカットしていたが、タルトの空焼きや再焼成、カットの手間などの問題があり、生産性を上げるために現在の形になった。「アパレイユとクッキーを別々に焼成できるので作業性が良いし保管もしやすい」と村山シェフ。「ベースになっているのは最初に働いた店『シェーヌ』の、昔ながらのクレーム・フロマージュ。なめらかなクリームとクッキーの味、食感の対比を楽しんでいただければ。チーズは2種類。あっさりした味のクリームチーズに、ツンとした塩味を持つブルーチーズを少し加えてフロマージュ感を出しています」。目指しているのは「シンプルで誰が食べてもおいしい、普通のお菓子。『普通においしい』は褒め言葉ではないが、『普通でおいしい』は難しいことなので、そのハードルを超えたい。これもクッキーにチーズケーキをのせただけのシンプルな構成ですけれど、お客様が求めているのは多分こういうお菓子だと思うのです」。信じているのは自分の味覚で、ターゲットは自分自身の舌。「自分がいいなと思うものを並べ、それをお客様もいいなと思ってくれるという、良い流れができています。シャンドワゾーを好きだと言ってくれるお客様の嗜好は、おそらく僕の嗜好と一致するのです」。もちろん、それはこのお菓子にも当てはまる。

パティスリーショコラトリー シャンドワゾー
住所／埼玉県川口市幸町1-1-26
電話／048-255-2997
営業時間／10:00〜20:00
定休日／不定休
URL／http://www.chant-doiseau.com

姉妹店
シャンドワゾー グラシエ ショコラティエ
住所／埼玉県川口市栄町2-2-21
電話／048-299-2189
営業時間／10:00〜19:00
定休日／不定休

フロマージュ・キュイ
480円（税別）

材料と作り方

フロマージュ・キュイ

クレーム・フロマージュ
クランブル

クレーム・フロマージュ

材料

直径6cm×高さ3.5cmのシリコン型
約195個分

クリームチーズ*1…893g
ブルーチーズ*2…8229g
生クリーム（36％）…1248g
牛乳…2204g
バター…500g
グラニュー糖…1579g
薄力粉…482g
全卵…1663g
加糖卵黄…212g
シトロンピューレ…505g

*1
「サンモレ クリームチーズ
　（フレンチレシピ）」。
*2
「サンモレ
　フロマージュブルー」。

その名前の通り、シンプルなベイクドチーズケーキ。2種類のチーズを使用したアパレイユはとろける食感。乳味に富んだ食べやすいクリームチーズに、ブルーチーズの風味がアクセントを効かせている。アーモンドとカソナードをたっぷり使用した香り高いクランブルは、いろいろなお菓子に使える生地。アパレイユとの対比を際立たせるために、"ホロホロ、サクサク"というより"ザクザク、ガリガリ"の食感を目指し、やや堅めに焼き上げている。

1

牛乳と生クリームを人肌程度の温度まで温める。

2

ミキサーボウルにクリームチーズとブルーチーズ合わせて低速で混ぜ合わせる。

048

Pâtisserie Chocolaterie Chant d'oiseau　パティスリーショコラトリー　シャンドワゾー

10

絞り袋で、シリコンの型に絞り入れる。120℃のオーブンで10分間位焼成する。焼けてくるとふくらんでくるが、ふくらみ過ぎると型からはみ出てしまうので注意する。一度出して冷蔵庫で冷やす。この工程を3回繰り返す。こうすることで側面に火が入り、中はトロッとした食感になる。最後に200℃のオーブンに5分間位入れ、焼き色を付ける。

7

温めた牛乳と生クリームを少しずつ加える。ダマにならないよう、ここでも何度かはらう。

9

続いてシトロンピューレを加え、混ぜ合わせる。

9

ハンドブレンダーに替えて、なめらかな状態にする。ダマができている場合が多いので、必ずハンドブレンダーにかける。

3

全体が混ざったところで、室温に戻したバターを加え、低速で混ぜ合わせる。

4

グラニュー糖を加えて、ダマにならないようになめらかになるまで混ぜ、続いて薄力粉を加えて混ぜ合わせる。

5

あらかじめ合わせておいた全卵と卵黄を数回に分けて加える。ダマができないように途中でミキサーを止め、ハネ、ボウルのまわりを何度かはらう。

049

材料と作り方

Pâtisserie Chocolaterie Chant d'oiseau　パティスリーショコラトリー　シャンドワゾー　　フロマージュ・キュイ

組み立て

1

直径9cmの金台紙の中央部分ににクレーム・パティシエール（配合外）を薄く絞る。

2

クランブルを3切れ、クレーム・フロマージュを上に置いたときに下から見える位置に並べる。

3

クランブルの上に薄くクレーム・パティシエールを絞る。

4

中央にクレーム・フロマージュをのせる。

5

粉糖（配合外）を上からふって仕上げる。

3

生地をバットにあけ、ラップをかけてメン棒で1cm厚にのす。左右にバールを置いてのす。冷蔵庫で冷やし固める。

4

冷やし固めた生地は、手で適当な大きさに割る。

5

割った生地を天板に広げて、165℃のオーブンで約20分間焼成する。

クランブル

材料（仕込み量）

強力粉…2400g
アマンド・プードル…600g
カソナード…1000g
グラニュー糖…320g
バター…1600g

1

ミキサーボウルにすべての材料を入れて低速で混ぜ合わせる。

2

生地がまとまってきたら取り出す。水分が入らない生地なのでまとまりにくいが、その分、密度が高くないのでサラサラとした食感になり、アパレイユとの対比が出る。

050

モンブランの技術

定番のものから、季節限定のものまで、35店の評判パティスリーが、大人気モンブランの材料と作り方を公開。マロンクリームの作り方、そのマロン材料を選んだ理由、クリームやメレンゲなどの組み立て、バランスの考え方を解説。モンブランのためのマロン製品ガイド付き。

■ B5判 176ページ　■ 定価 3500円＋税
ISBN978-4-7511-1042-3

【本書に登場するお店】

アルカイク(埼玉・川口)	パティスリー ラクロワ(兵庫・伊丹)
アルカション(東京・練馬)	パティスリー ラ・ノブティック(東京・ときわ台)
イルフェジュール本店(神奈川・川崎)	パティスリー ルシェルシェ(大阪・南堀江)
カフェ ドゥ ジャルダン(東京・福生)	パティスリー ルリジューズ(東京・世田谷)
シェーカーズ カフェラウンジ+(大阪・なんば)	パティスリー レザネフォール(東京・恵比寿)
シャルル・フレーデル(大阪・泉佐野)	パティスリー ロア レギューム(埼玉・朝霞)
デリチュース 箕面本店(大阪・箕面)	パーラー ローレル(東京・奥沢)
ドゥフルペ・ポレロ(滋賀・守山)	ヒロコートーいながわケーキ工房(兵庫・伊川)
パティシエ ジュン ホンマ(東京・吉祥寺)	ブロンディール(埼玉・ふじみ野)
パティスリー アプラノス(埼玉・さいたま市)	ペリ亭(兵庫・芦屋)
パティスリー ヴォワザン(東京・杉並)	ポアール帝塚山本店(大阪・帝塚山)
パティスリー エチエンヌ(神奈川・川崎)	マテリエル(東京・八山)
パティスリー グラム(愛知・名古屋)	ル・パティシエ ヨコヤマ 京成大久保店(千葉・習志野)
パティスリー ジュン・ウジタ(東京・碑文谷)	ル ジャルダン ブルー(東京・乞田)
パティスリー ジラフ(富山・黒瀬北町)	ル・ミリュウ(神奈川・鎌倉)
パティスリー セークルトロワ(兵庫・神戸)	レ・クレアシオン・ドゥ・パティシエ・シブイ(東京・田園調布)
パティスリー モンブリュ(兵庫・神戸)	レトルダムール グランメゾン白金(東京・白金台)
パティスリー ラヴィルリエ(大阪・山崎)	

お申し込みはお早めに！ 旭屋出版　https://www.asahiya-jp.com

pâtisserie
LA NOBOUTIQUE

パティスリー ラ・ノブティック

主任 橋口佳奈子

▼

シンプルで、年配層への食べやすさを考慮した一品

フルーツを使い、季節感を意識させるケーキが特徴の『パティスリー・ラ・ノブティック』(オーナーシェフ・日髙宣博氏)。このため、「チーズを使ったケーキは、店の定番ではなく、普段使ったことがない材料を使った試作は初めてでした」と同店主任の橋口佳奈子さんは言う。そうした個性の店が提案するチーズケーキということで、試作に当たっては購入するお客も想定した。同店は年配層の比較的多い住宅街という場所柄、シンプルで見た目にもわかりやすい味のケーキが好まれることが多いという事情を考慮して、これまでのベーシックなチーズケーキとは見た目にも味わいもことなるが、あまりにも奇をてらったものは避けよう、という前提で試作し完成したのが「レーヌ・ブラン」だ。年配層のことも考え、重い味わいや個性の強い味わいは避け、クリームチーズを使ってふわっとした食感の食べやすいムースに。ムースが主体で見た目には白一色。だから、中に色味のあるものを入れ、食べた時の驚きと味わいのアクセントとした。白一色のケーキの上にはベリー類をのせて見た目にもフルーツを意識させ、同店らしさも表現した。

住所／東京都板橋区常盤台2-6-2　池田ビル1階
電話／03-5918-9454
URL／http://www.noboutique.net
営業時間／10:00〜20:00
定休日／第2・4火曜日

レーヌ・ブラン

材料と作り方

レーヌ・ブラン

ショートブレッド

材料

1枚約8g・約60枚分

バター（常温に置いたもの）…125g
ショートニング
　（常温に置いたもの）…25g
グラニュー糖…80g
薄力粉…100g
アーモンドプードル…100g
米粉…30g
塩…2g

- グラサージュ
- クリームチーズのムース
- ブルーベリージャム
- カマンベールチーズのクリーム
- ビスキュイ・ジョコンド
- ショートブレッド

チーズを使いながらも、ふわっとした食感で食べやすさを出すため、クリームチーズのムースをメインにしたケーキに。そして食感に変化を出すため、クッキー生地のショートブレッドを一番下にした。クッキー生地に直にムースをのせてしまうと、ムースの水分を吸ってふやけてしまうので、水分を吸収させる意味でジョコンドの中に挟んだのがポイント。味づくりでは、メインとなるクリームチーズのムースはメレンゲベースで軽く淡い味わいにし、中に忍ばせるセンターに工夫した。センターは濃い目の味わいにしてアクセントを付けたが、その素材としてカマンベールチーズを使用。カマンベールチーズは店では普段使わない素材でメインでは使いづらいから、さり気ない個性を出すためにセンターの素材で使った。さらにカマンベールの塩け対して、酸味のあるブルーベリーのジャムと合わせて二層にし、塩けをまろやかにした。なお、組み立ての段階で、高さ3.5cmのセルクルに高さ4cmのフィルムを合わせて使用した。高さ4cmのセルクルがあればフィルムは不用だが、フィルムは付けた方が最後の抜く作業はしやすい。

1

バターとショートニングは、ボールで合わせておく。薄力粉、アーモンドプードル、米粉は、合わせてふるっておく。

2

1の油脂を合わせておいたボールに、グラニュー糖、塩を入れてすり混ぜ、合わさったら1の粉類を加えてよく混ぜ合わせる。粉けがなくなったら、ひとまとめにしてラップをし、冷蔵庫でひと晩寝かせる。

054

pâtisserie LA NOBOUTIQUE　ラ・ノブティック

4

3に薄力粉を加えて混ぜ合わせたら、残り3分の1の2を入れて泡を消さないように混ぜ合わせる。

5

なめらかに仕上がるよう50℃に設定した溶かしバターは、4の少量を加えて混ぜ合わせる。

6

4に5を入れ、よく混ぜ合わせる。

ビスキュイジョコンド

材料

39cm×59cmの天板1枚分

アーモンドプードル…181g
粉糖…121g
卵液…235g
卵白…154g
グラニュー糖…88g
乾燥卵白…4.5g
薄力粉…49g
溶かしバター…44g

1

ミキサーボールにアーモンドプードルと粉糖を入れて合わせ、ふんわりと仕上がるよう30℃に設定した卵液を注いでミキサーにかける。

2
別のミキサーボールに卵白とグラニュー糖、乾燥卵白を入れ、ツノが立つまで泡立てる。

3
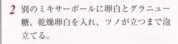

1をボールに移し、2を3分の1ほど入れて混ぜ合わせたら、2の残り3分の1を加えてさらに混ぜる。

3

翌日取り出し、打ち粉(分量外)をしながら麺棒で2〜3mm厚さにのばす。

4

のばした生地は、セルクル型で抜く。焼くと膨張するので、完成時のセルクルより一回り小さな型(写真は直径6cmの型)で抜く。

5

抜いた生地は、シルパン(無ければベーキングペーパー)をしいた天板にのせ、160℃のオーブンで15〜18分焼く。途中で天板を反転させ、均等に焼き上げる。焼き上がったら取り出し、冷ましておく。

材料と作り方

レーヌ・ブラン

5 別ボールで、生クリームを7分立てにする。

6

4に5を少量加えて混ぜ合わせ、混ざったら残りの半量を加えて混ぜる。

7

6が混ざったら、残りの5を加えて混ぜる。だいたい混ざったら、ゴムベラに替えて泡を潰さないよう混ぜ合わせる。

センター（カマンベールチーズのクリーム）

材料

10g×約20個分

クリームチーズ…90g
カマンベールチーズ…45g
粉糖…15g
クレームパティシエール
（牛乳300g、バニラビーンズ0.3本、加糖卵黄75g、グラニュー糖45g、薄力粉30g、バター30g）…150g
生クリーム（乳脂肪40％）…120g

1 クレームパティシエールを作る。牛乳とバニラビーンズ、バター、1/3のグラニュー糖を鍋に入れて火にかけ、沸騰寸前にする。ボールで残りのグラニュー糖と加糖卵黄を白っぽくなるまですり混ぜたら、薄力粉を入れて合わせ、鍋で温めた牛乳を少し加えてなじませたら、鍋に戻して混ぜる。火に戻してとろみが付くまで煮たら、バターを加えて溶かす。粗熱を取り、ラップをして冷蔵庫で保管する。

2

1は漉してボールに入れ、ゴムベラで軽く混ぜて他の材料と同じくらいの柔らかさにしておく。

3 柔らかくしたクリームチーズをボールに入れ、カマンベールチーズを加えて混ぜ合わせる。

4

完全に混ざったら、粉糖を加えて混ぜ、合わさったら2のクレームパティシエールを加えて混ぜる。

7

ベーキングシートをしいた天板に6を流し、表面を均し、底を叩いて中の泡を抜いてから、230℃のオーブンで6〜7分焼く。焼けたら取り出し、乾燥しないように置いて冷ます。

センター（ブルーベリージャム）

材料

10g×約16個分

ブルーベリー…200g
グラニュー糖…20g
トレハロース…20g
レモン汁…10g

1 材料は、前日にすべて容器に入れて漬けておき、翌日、鍋に移して中火にかける。

2

とろりとなるまで煮詰めたら（糖度計で糖度30〜35が目安）、火を止め、円盤に移して粗熱を取り、冷やす。

056

pâtisserie LA NOBOUTIQUE ラ・ノブティック

クリームチーズのムース

材料

50g×12個分

レモン汁…10g
レモンの皮…2分の1個分
コアントロー…5g
板ゼラチン…6g

イタリアンメレンゲ
(卵白64g、グラニュー糖85g、トレハロース43g、水43g)…100g
クリームチーズ
(室温に置いたもの)…120g
サワークリーム…80g
ヨーグルト…100g
粉糖…40g
生クリーム(脂肪分42%)…200g

1 イタリアンメレンゲを作る。グラニュー糖、水、トレハロースを鍋に入れて火にかけ、118℃になるまで加熱する。

2 ミキシングボールに卵白を入れて泡立てたら、1を少量ずつ流し入れながらさらに泡立て、ツヤが出て固いメレンゲになったら完成。

3 生クリームは7分立てにしておく。板ゼラチンは、水でふやかしておく。

4

レモン汁、レモンの皮、コアントローはボールに入れ、湯せんにかけて温め、3を水けをきって加え、溶かす。

5

別ボールに柔らかくなったクリームチーズを入れ、サワークリームを加えて混ぜる。

6

5が混ざったら、粉糖を加えて混ぜ合わせる。

7

続いて、ヨーグルトを入れて、全体がなめらかになるまで混ぜ合わせる。

8

7が完全に混ざったら、4のボールに少量を加えて混ぜ合わせ、それを7のボールに戻して完全に混ぜ合わせる。

9

8に2のイタリアンメレンゲを、2〜3回に分けて少量ずつ加えては混ぜ合わせる。イタリアンメレンゲが入ったら、3の生クリームを2回くらいに分けて少量ずつ混ぜ合わせる。

pâtisserie LA NOBOUTIQUE　ラ・ノブティック

材料と作り方

レーヌ・ブラン

4

1の固めたセンターを取り出し、3の中央に入れ、指で押して沈める。

5

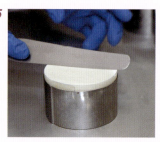

さらにクリームチーズのムースを絞り、表面を均し、冷凍庫で冷やし固める。

6

セルクルを外し、フィルムを取り、23〜25℃に調整したグラサージュをかける。

7

ショートブレッドの上にのせ、ホワイトチョコ、ベリー類を飾り、金粉をふる

組み立て

1

フレキシパンに、ブルーベリージャムを半分の高さに入れ、冷凍庫で冷やし固めたら、その上にカマンベールチーズのクリームを絞り入れ、表面を平らにして冷凍庫で冷やし固める。

2

ビスキュイジョコンドはベーキングシートをはがし、ショートブレッドより一回り大きなセルクル型（直径6.5cm）で抜き、ケーキフィルムをセットしたセルクルの底に入れる。

3

2に、クリームチーズのムースを6分目まで絞り入れる。

グラサージュ

材料

1個分20g…38個分

牛乳…180g
水飴…80g
水…40g
板ゼラチン…9g
ホワイトチョコ…450g
二酸化チタン（食品用）
　…適量（無くても良い）

1 板ゼラチンは、水でふやかしておく。

2

鍋に牛乳、水飴、水を入れて火にかけ、沸騰したら火を止め、1のゼラチンを水けをきって加え、溶かす。

3

容器にホワイトチョコを入れ、その上から熱いままの2を漉しながら注ぎ、バーミックスで回す。途中で二酸化チタンを加え、さらに回してチョコを完全に溶かし、粗熱を取る。

058

テタンレール
tête en l'air
オーナーパティシエ 森 誉志

味の組み立てと目を引くビジュアルで個性を演出

神戸の阪神間というパティスリー激戦区に立地するため、チーズケーキも他店との差別化を心掛け考案。2品ともに、味わいのクオリティは大前提に、目を引くデザイン性でアイキャッチ効果を狙う。また、味の組み立てのバランスで個性を出すことも意識している。イチゴの赤とエディブルフラワーの組み合わせが華やかな『シキタ』は、軽い食感をイメージするスフレチーズケーキをベイクド寄りの濃厚な食感に仕上げることで印象に残る味わいに。鮮やかなパッションフルーツのグラッサージュを施した『ステラ』は、レアチーズ生地の中にオレンジジュレやビスキュイジョコンドを入れることによって、バランスも重視した一品に仕上げた。百貨店などへの配送もあり、無休で営業しているためシェフ不在時でもスタッフのみで安定した仕上げができるようにレシピや工程を工夫している。

住所／兵庫県西宮市二見町12-20
電話／0798-62-3590
営業時間／10:00〜20:00
定休日／無休

ステラ
430円(税別)

シキタ
480円(税別)

材料と作り方

ステラ

- ホワイトチョコレート
- ピスタチオ
- グラサージュパッション
- オレンジジュレ
- レアチーズ
- ビスキュイジョコンド
- サブレ

オレンジジュレ

材料（32個分）

A
- オレンジ果汁…250ml
- ブラッドオレンジ果汁…250ml
- オレンジゼスト…15g
- 生クリーム（乳脂肪分38％）…80g

B
- グラニュー糖…100g
- ペクチン…15g
- イナアガー…30g

1 ボールにAを入れて混ぜ合わせ、そのまま火にかけ沸騰させる。

2 沸騰した1に、合わせておいたBを少しずつ加えて、ダマにならないように混ぜながら溶かし、再沸騰させる。

3 絞り袋に2を入れ、シリコン型に絞り入れる。冷凍庫で冷やし固めておく。

イタリア製のシリコン3D型を使った、球体の形状や鮮やかなイエローが目を引く新作。看板商品である紅茶とリンゴのムース「ダリ」は赤、栗入り抹茶ムース「ジャポン」は緑、と同じ型を使ってシリーズ化している。レアチーズ生地は、酸味の強いフロマージュブランを使うためレモンは不使用。コクのあるクリームチーズとの2種をバランスよく配合した。中に忍ばせるオレンジジュレにはオレンジとブラッドオレンジ果汁をブレンドし、さらにオレンジゼストを加えることにより、柑橘ならではの香りに深みを出している。その食感を常温で固まるほどの粘度に調整することで、舌に絡みやすくムースとバランスよく合わさるように計算。グラサージュするパッションの香りともマッチし、レアチーズを爽やかで明るい印象の味わいに仕上げている。

062

tête en l'air　テタンレール

ビスキュイ ジョコンド

材料

500×360型1枚分（54個分）

全卵…240g
アーモンドプードル…160g
薄力粉…50g
ベーキングパウダー…3g
卵白…140g
上白糖…240g

A
生クリーム(乳脂肪分42%)…300g
上白糖…21g

1

卵白、上白糖をミキサーに入れ、しっかりめのメレンゲを作る。

2

全卵、生卵とアーモンドプードルを入れ、泡立て器で混ぜる。

3

2に、ふるい合わせておいた薄力粉とベーキングパウダーを加えて混ぜる。

4

2が混ざったら、1をまず1/3量入れて混ぜる。なじんだら残りを入れて混ぜ合わせる。

5

天板にオーブンシートを敷き、生地を流し込んで平らにならす。オーブンで160℃、湿度50%に設定し15分焼く。

6

焼けたら取り出して冷まし、オーブンシートをはがす。半分にカットしてAをぬり、Aをサンドするように重ね、3.5cm角にカットする。

ステラ

レアチーズ

材料

直径6cmの型　32個分

卵黄…120g
上白糖…150g
牛乳…500ml
板ゼラチン…25g

A
クリームチーズ…300g
フロマージュブラン…500g
生クリーム(乳脂肪分38%)…750g
上白糖…50g

オレンジジュレ
　(062ページ)…32個
ビスキュイジョコンド
　(063ページ)…32個

1

卵黄と上白糖を混ぜ合わせたら、牛乳を入れた鍋に加え、火にかけて泡立て器で混ぜながら80～85℃に加熱する。次第にとろみが出てくるので、カスタードクリーム状にする。

2

火からおろし、水でふやかした板ゼラチンを加えて泡立て器で混ぜながら溶かす。

3

ゼラチンが溶けてまだ温かいうちに、Aを加えて余熱で溶かす。

4

チーズの溶け残りなどを取り除くために、一度漉し器で漉す。

5

生クリームと上白糖をボールで泡立てたら、4に入れて混ぜる。

6

生地を絞り袋に入れ、シリコンの型8分目まで絞り入れる。

tête en l'air　テタンレール

2

グラサージュパッションを適度にゆるめ、1にかける。ペティナイフで底から叩く(よう)にしし、余分な液体を取り除き、冷凍する。

3

台座にチョコレートを少量絞ってサブレをのせ、もう1度チョコレートを絞り、3を置く。ホワイトチョコレートを飾る。

グラサージュ パッション

材料(作りやすい分量)

パッションフルーツピューレ	…300g
水…150ml	
A	
グラニュー糖…45g	
ペクチン…9g	
伊那アガー(ゲル化剤)	9g
ナパージュ……225g	
色素(黄)……少量	

1 ボールにパッションフルーツピューレと水、ナパージュを入れ、その直火にかけ沸騰させる。

2 Aの材料を合わせておき、1に少しずつ加えて、ダマにならないように混ぜながら溶かす。溶けたら、再沸騰させる。

3

最後に、色素で色付けする。

組み立て

1

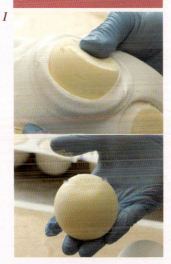

レアチーズを冷凍庫から出し、シリコン型の口の部分を指でまずはがしてから、下から指で押し上げるようにして取り出す。

7

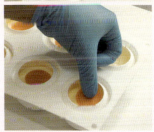

先に冷やし固めたオレンジジュレを、上に平らな面がくるようにして入れる。

8

さらに、先にカットしておいたビスキュイジョコンドをのせ、指で押し込むようにして入れる。

9

適宜レアチーズをさらに絞り、表面をスプーンでならし、冷凍する。

材料と作り方

シキタ

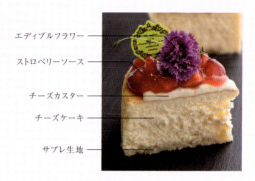

- エディブルフラワー
- ストロベリーソース
- チーズカスター
- チーズケーキ
- サブレ生地

スフレチーズケーキ

材料

5号の焼き型 6台分(48個分)

A
牛乳…500ml
生クリーム(乳脂肪分42%)…500ml
バター…300g

B
クリームチーズ(ルガール「プロセスクリームチーズ」)…750g
クリームチーズ(タカナシ乳業「北海道クリームチーズ」)…750g

卵黄…500g
薄力粉…100g
卵白…300g
グラニュー糖…300g
サブレ生地
　(068ページ)…6台分

定番で作るスフレチーズケーキの仕上げに、イチゴの果肉入りのストロベリーソースやエディブルフラワーをあしらい、華やかにアレンジ。生地に使うチーズは、風味の異なる2種のチーズを組み合わせることでそれぞれの魅力を引き立てている。配合はチーズを主体にメレンゲや粉を少量にとどめているのが特徴。チーズの保形力とバターの油脂の力で冷やし固めることにより、口の中の温度で生地がなめらかに溶け、しっかりとしたチーズの味わいが広がる。生地の上に広げるチーズカスターも同じように、一晩おくことで油脂の力で固めている。コンベクションオーブンを使用するため、焼成前の生地にメレンゲを合わせるタイミングで火入れを済ませておくのも特徴。その後、低温でじっくり湯煎しながら焼くことで食感の特徴を生み出した。

1

Aを鍋に入れて火にかける。ときどき混ぜながら沸騰させる。

2

Bのクリームチーズを1に入れる。1種類ずつ加えて、溶けたら次のクリームチーズを加えて溶かす。

tête en l'air   テタンレール

9

天板に水を張り、コンベクションオーブンに入れ、湯せんで220℃、湿度0%、12分焼く。

10

焼き色がついたら140℃に下げ、40〜45分蒸し焼きにする。焼き上がったら粗熱を取り、3時間以上冷蔵庫へ入れる。

6

ミキサーに卵白とグラニュー糖を入れ、5の固さと同じメレンゲにする。

7

熱い状態の5に6をまず1/3量加えて泡立て器で混ぜる。混ざったら、残りを一気に入れてゴムベラで混ぜる。

8

焼き型の底と周りにオーブンシートを巻き、サブレ生地を敷いて5を型の上部まで流し入れる。表面をゴムベラでならす。

3

焦げないよう、常に泡立て器で混ぜ、完全に溶けたら火から下ろす。

4

攪拌して裏漉しした卵黄をボールに入れ、ふるった薄力粉を加えて混ぜる。

5

混ざったら、3を加えて再び火にかけて泡立て器で混ぜる。次第に糊化するので、カスタードクリーム状にする。

材料と作り方

tête en l'air　テタンレール　　　　　　　　　　　　　　　　　　　　　　　　　　シキタ

組み立て

1

チーズケーキを型から外してオーブンシートを外したら、チーズカスターを絞り袋に入れ、らせん状に絞り、端は残しておく。

2

温めた包丁で、1を8等分にカットする。

3

ストロベリーソースをスプーンで上にのせる。エディブルフラワーを飾る。

ストロベリーソース

材料（48個分）

A
ストロベリーピューレ…100ml
水…50ml
ナパージュ…75g
色素（赤）…少量
グラニュー糖…15g
B
ペクチン…3g
イナアガー（ゲル化剤）…3g
イチゴ…適量

1 Aを火にかける、すべてが混ざったらBを加えて混ぜる。

2

1がペースト状になったら、角切りにしたイチゴに加えてよくからめる。

サブレ生地

材料（48個分）

バター……90g
上白糖……100g
薄力粉……120g
アーモンドプードル……80g

1 常温に戻したバターと残りの材料を、ミキサーで混ぜたら、取り出してひとまとめにし、冷蔵庫で休ませたら、延ばして直径12cmの型で抜く。

2

160℃のコンベクションオーブンで約18分、浅めに焼く。

チーズカスター

材料（48個分）

牛乳…125ml
生クリーム（乳脂肪分38％）…125g
クリームチーズ（タカナシ北海道
　クリームチーズ）…75g
砂糖…38g
卵黄…50g
薄力粉…13g

1 牛乳と生クリームをボールに入れて火にかけ、沸騰させる。

2 1にクリームチーズを加えて、ダマが残らないように完全に溶かす。

3

溶いて裏漉しした卵黄、ふるった薄力粉、砂糖を合わせたものに2を投入する。火にかけて泡立て器で混ぜながら、80〜85℃になるまで加熱する。

Delicius
デリチュース

製造調理部長 植村 勝

質のよい材料が映えるシンプルな構成で魅せる

チーズケーキ作りのテーマは「どこにでもあるけど、どこにもないもの」「誰もが食べやすいよう、凝りすぎず気取らないもの」。1つの素材＝チーズに特化して追求しようと、同店代表の長岡末治氏が長年勤めた大阪のホテル時代に開発したものがベース、何段階もレシピを改定している。ショーケースには季節限定商品を含め、常に3、4種のチーズケーキを揃える。良質な材料選びにこだわり、『ブリー・ド・モー チーズケーキ』の要であるブリーチーズの保管温度には最新の注意を払う。湿度は93%、温度は熟成度合いに応じて適宜調整し安定させる。2019年に店舗横に新たな厨房を構え、大型のミキサー2台を導入したことで材料だけでなく製造工程でも安定性を高めることが実現した。クリームチーズとリンゴを組み合わせた『ブラン フロマージュ オ ポム』とともに、材料も構成もシンプルでありながら、店独自の味わいを作り出す。

住所／大阪府箕面市小野原西6-14-22
URL／http://www.delicius.jp/
電話／072-729-1222
営業時間／10:00〜20:00
定休日／火曜日(祝日の場合は営業)

ブリー・ド・モー チーズケーキ

ブラン フロマージュ オ ポム

材料と作り方

ブリー・ド・モー チーズケーキ

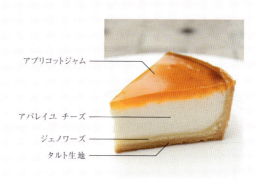

- アプリコットジャム
- アパレイユ チーズ
- ジェノワーズ
- タルト生地

タルト生地

材料

直径18cmのタルト型2台分

- バター…210g
- 塩…2g
- 粉糖…150g
- 全卵…60g
- 薄力粉…300g
- アーモンドパウダー…75g

1. 常温に戻したバター、塩、粉糖を合わせてすり合わせたら、全卵を少しずつ加えて混ぜ合わせる。
2. 卵が入ったら、アーモンドパウダーを加えて混ぜ合わせ、さらにふるった薄力粉を加えて混ぜ合わせ、冷蔵庫で一晩保存する。
3. 翌日、2を粉が少し残る状態に混ぜ、麺棒で5mmほどの厚さにする。
4. タルト型に敷き込み、はみ出した生地を落とす。

ジェノワーズ

材料

直径18cmのタルト型1台分

- 全卵…125g
- 砂糖…90g
- 薄力粉…70g
- バター…20g
- 牛乳…20g

1. 全卵、砂糖を合わせ、湯せんで人肌になるまで温め、ミキサーに入れて混ぜる。
2. リュバン状になったら、薄力等を少しずつ加えて混ぜ合わせる。
3. 2に牛乳、浴かしたバターを加えて混ぜ、型に流して160℃のオーブンで40分焼く。

フランス・イルドフランスのモー村から白カビに覆われたホールの状態で取り寄せるブリーチーズを主役に、カマンベールチーズ、クリームチーズの3種をバランスよく配合し、チーズの風味を存分に満喫できるケーキ。表面にたっぷりと塗るアプリコットジャムの甘酸っぱさが、チーズのコクが広がるケーキの味わいと相性抜群だ。レシピはもちろん、特注の窯で焼き上げることによって、ベイクドでありながらまるでレアチーズのようなしっとりとなめらかな食感を実現させている。JR大阪駅、新大阪駅の構内でも販売しているが、風味が落ちないように冷蔵配送にこだわっており、その際アプリコットジャムが流れ出さないように濃度を調整している。

072

Delicius デリチュース

6

最後に、レモン汁を少しずつ加えて泡立て器で混ぜる。

7

タルト生地の中に、アパレイユ チーズを流し込んだら、上火200℃、下火215℃のオーブンで1時間焼く。

組み立て

1

表面に、ぬりやすい状態に戻したアプリコットジャムをたっぷりぬる。

2

チーズが溶けたら、溶け残りを除くため、ボールに漉し入れる。

3

砂糖とふるった薄力粉と合わせて2に入れ、泡立て器でよく混ぜる。途中で湯せんにかけ、しっかりとろみがつくまで加熱する。

4

火からおろし、常温に戻した生クリームを少しずつ加えてなじませながら混ぜる。

5

ここで、さらにもう一度漉し器で漉す。

アプリコットジャム

材料(仕込み量)

杏ジャム	280g
水	40g
砂糖	5g
レモン果汁	1個分
ペクチン	2g

1 銅鍋に水を入れて沸かしたら、杏ジャム、砂糖を加えて沸騰するまで煮詰める。
2 レモン果汁とペクチンを加えて混ぜる。タッパーに入れて冷蔵庫で保存する。

アパレイユ　チーズ

材料(2台分)

A
ブリーチーズ	75g
カマンベールチーズ	20g
クリームチーズ	75g

砂糖	50g
薄力粉	40g
生クリーム	350g
牛乳	200g
レモン汁	20g
タルト生地	2台分

1

牛乳を入れて湯せんで温めた鍋に、カットしたブリーとカマンベールチーズ、クリームチーズを入れ、チーズが溶けるまで攪拌する。

材料と作り方

ブラン フロマージュ オ ポム

姫リンゴ（青）
リンゴのチップ
アパレイユ チーズ
焼きリンゴ
リンゴのチップ
タルト生地

タルト生地

材料

直径18cmのタルト型2台分

072ページ参照

1. 常温に戻したバター、塩、粉糖を合わせてすり合わせたら、全卵を少しずつ加えて混ぜ合わせる。
2. 卵が入ったら、アーモンドパウダーを加えて混ぜ合わせ、さらにふるった薄力粉を加えて混ぜ合わせ、冷蔵庫で一晩保存する。
3. 翌日、2を粉が少し残る状態に混ぜ、麺棒で5mmほどの厚さにし、直径18cmの型で抜く
4. 180℃のオーブンで25分焼く。

ジェノワーズ

材料

直径18cmのタルト型1台分

072ページ参照

1. 全卵、砂糖を合わせ、湯せんで人肌になるまで温め、ミキサーに入れて混ぜる。
2. リュバン状になったら、薄力等を少しずつ加えて混ぜ合わせる。
3. に牛乳、溶かしたバターを加えて混ぜ、型に流して160℃のオーブンで40分焼く。
4. 粗熱が取れたら、1cmの厚みにスライスする。

焼きリンゴ

材料（2台分）

リンゴ…6個
グラニュー糖…120g
バター…60g
バニラビーンズ…適量
レモン汁…1個分
シナモンパウダー…適量
カルバドス…適量
アカシア蜂蜜…適量

2019年のリンゴがおいしくなる時期に出す予定の新作で、オードブルではなじみのあるチーズ×リンゴの組み合わせをヒントに考案した。メレンゲたっぷりの白い生地の上に、透き通るほどの薄いリンゴチップがあしらわれ、繊細で美しい。中には、リンゴの食感も楽しめるよう1/2サイズにカットしたリンゴをたっぷりと忍ばせる。リンゴにはバニラビーンズ、カルバドス、ハチミツ、シナモンパウダーなどで下味をつけ魅力を増幅させているのがポイントだ。クリームチーズは、塩気がしっかりしているタイプはマッチしないと考え、フランス産の優しい風味のクリームチーズを選んだ。メレンゲたっぷりの柔らかい生地のため、焼成後に半日以上冷やすことで食感がしまりリンゴの食感ともほどよいバランスになる。

074

Delicius　デリチュース

リンゴのチップ

材料（仕込み量）

リンゴ…2個
シロップ…30ボーメ

1 リンゴを薄くスライスし、シロップに漬けておく。

2 80℃のオーブンで乾燥するまで焼く。

アパレイユ チーズ

材料（2台分）

牛乳…450g
コーンスターチ…40g
クリームチーズ（フランス産）
　　　…360g
卵白…145g
砂糖…145g

1

ボールに冷たい牛乳とふるったコーンスターチを混ぜ合わせ、湯煎にかける。とろとろのペースト状になるまで付きっきりで混ぜる。

4

さらにアカシア蜂蜜をかけ、最後にもう一度グラニュー糖をふりかける。

5

周りにアルミホイルで壁を作り、220℃のオーブンで40分焼く。途中で出たリンゴの果汁をかける。

1

皮をむき芯を取ったリンゴを縦1/2にカットし、表面に、5mm幅に切り込みを入れ、オーブンシートを敷いた天板に並べる。

2

バニラのさやに切り込みを入れ、バニラビーンズを直接1の表面にすり込む。

3

表面にグラニュー糖をかけ、バターをちぎってのせ、レモン汁、シナモンパウダー、カルバドスをふる。

Delicius デリチュース

材料と作り方

ブラン フロマージュ オ ポム

5 焼けたら粗熱を取って冷蔵庫で冷やし、上にリンゴのチップを重ねながら並べる。

6 姫リンゴを添え、バニラのさやと緑の葉を飾る。

組み立て

1

タルト型の底と周りにオーブンシートを敷き、タルト生地とスポンジ生地をのせる。

2

1の上に、焼きリンゴを敷き詰める。

3

上からアパレイユ チーズをレードルで隙間を埋めるようにしながら流し込む。表面をカードでならす。

4

180℃のオーブンに入れ、20分焼いたら、取り出す。

2

常温に戻したクリームチーズを加えて、溶けてダマがなくなるまで混ぜる。

3

ミキサーに卵白を入れ、1/3量の砂糖を入れて攪拌する。ある程度卵白が泡立ってきたら、残りの砂糖を入れて角が立つまでしっかり混ぜる。

4

2に3をまず1/3量加え、しっかりゴムベラで混ぜる。残り2/3のメレンゲをつぶさないようにそっと合わせる。

076

PÂTISSERIE étonné
パティスリー エトネ

オーナーシェフ 多田征二

王道の組み合わせこそ、何十年先まで残る

学生時代、当時スフレチーズケーキが大人気だった「ホテルプラザ」でアルバイト。ホテル阪急インターナショナルで修業し渡仏、神戸北野ホテルがプロデュースする「イグレックプリュス＋」を立ち上げ、15年間シェフパティシエを務めた多田氏。華美で斬新な都会らしいケーキを作り続けてきたが、2016年7月独立開業し同店を立ち上げたのを機に、シンプルで美味しいもの作りたいと原点回帰した。「伝統料理が長く愛されるのには理由がある」と言い、ケーキも複雑化しすぎず3つの要素で組み立てるのがいいと考える。「たとえばカプレーゼは、チーズとトマトとバジルの3つ。これをヒントにチーズケーキの「ピエロ」が生まれました」と多田氏。ただ3要素といってもチーズを複数組み合わせる、トマトにイチゴの酸味を足すなど、1要素の中で奥行きを出し、オリジナリティがありながらも、構成はシンプルなケーキを作り上げている。

住所／兵庫県芦屋市大桝町5-21
電話／0797-62-6316
URL／https://www.facebook.com/etonne71/
営業時間／10:00～19:00
定休日／火曜日、不定休

スフレ フロマージュ
350円(税別)

ピエロ
460円(税別)

材料と作り方

スフレ フロマージュ

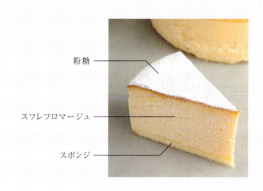

粉糖
スフレフロマージュ
スポンジ

スポンジ生地

材料

直径18cm（6号サイズ）の丸型　4台分

- 全卵…600g
- グラニュー糖…335g
- 薄力粉…335g
- バター…100g

1. 全卵にグラニュー糖を加え、人肌程度に温める。
2. 泡立ったら、ふるった薄力粉を加え、混ぜ合わせる。
3. 溶かしたバターを加え、泡を潰さないようにさっくりと混ぜる。
4. 型に流し込み、軽く叩いて大きな泡を潰し、180℃のオーブンで25分焼成。

スフレフロマージュ

材料

直径18cm（6号サイズ）の丸型　1台分

- クリームチーズ（サヴァンシア「リバティレインクリームチーズ」）…500g
- サワークリーム（中沢乳業「サワークリーム」）…150g
- グラニュー糖…150g
- コーンスターチ…15g
- 卵黄…30g
- 全卵…130g
- 無塩バター…60g
- バニラエッセンス…適量
- スポンジ生地…1台分

「ステーキと同じく、分厚く焼いてこそ、柔かい食感になる」という考えのもと、160℃のオーブンで2時間かけて焼き上げる、ふっくら分厚いベイクドチーズケーキ。ベースとなるクリームチーズは、チーズの世界シェアナンバーワンのフランスのメーカー「サヴァンシア」のもの。信州にある工場で、国内で育った牛の牛乳を原料に、フランスの最新技術でチーズを作っている。味が単調にならないようサワークリームを加えているが、これはマスカルポーネチーズやフロマージュブランでも代用できると言う。粘度が異なるチーズが、きちんと混ざり合うよう、クリームチーズを混ぜてクリーム状にしてからサワークリームを加えるのがポイント。上から下まで柔かい食感で統一するために、底にはスポンジを敷いている。

080

PÂTISSERIE étonné　パティスリー エトネ

1

クリームチーズを低速のミキサーにかけ、柔らかくする。

2

なめらかになったら、グラニュー糖を加えて混ぜ合わせる。

3

グラニュー糖が混ざったら、サワークリームを加える。

4

クリーム状になったら、コーンスターチを加える。

5

卵黄と全卵を合わせ、10回くらいに分けて4に加えながら、軽く泡立てるように混ぜ合わせる。

6

IHヒーターでバターを溶かして5の一部を加え混ぜ合わせたら、5に戻してゴムベラで混ぜ合わせる。

7

バニラエッセンスを加えて、混ぜ合わせる。

8

スポンジ生地を敷いた丸型に注ぐ。

9

湯せんにかけ、160℃のオーブンで2時間焼く。焼けたらオーブンから取り出して冷まし、型から抜いて粉糖をふる。

材料と作り方

ピエロ

フランボワーズ
イチゴ
クレーム・フロマージュ
（中にコンフィチュールトマト）
クランブルクッキー

クランブルクッキー

材料

直径5.5cm×高さ4.5cmのセルクル
30個分

無塩バター…125g
強力粉…125g
グラニュー糖…125g
アーモンドプードル…125g
塩…少々

カプレーゼをヒントに考案した、ムース仕立てのレアチーズケーキ。クランブルクッキーの上に、クレーム・フロマージュをのせ、中にトマトとイチゴのコンフィチュールを忍ばせている。チーズはクリームチーズとマスカルポーネチーズを3：1の割合でブレンド。「カプレーゼと相性がいいから」と、水の代わりに白ワインを使っている。コンフィチュールに使うトマトは、濃厚な味を引き出せたトマトジュース。トマト単体のコンフィチュールだとケーキとして成立しにくにため、多田氏いわく「酸味のタイプが同じ」というイチゴを加えた。クランブルクッキーは、そぼろ状で隙間があるため、サクサクとした食感。やわらかい質感のクレーム・フロマージュとのコントラストも見事で、シンプルな中にも個性が際立っている。

1

材料は全て冷やしておき、ボールに入れてミキサーで低速で混ぜ合わせる。

2

少しずつ生地をまとめて網に押し付け、そぼろ状にする。

082

PÂTISSERIE étonné　パティスリー エトネ

1

ボールにクリームチーズを入れて混ぜ、柔らかくなったらマスカルポーネチーズを加え、さらに混ぜ合わせる。

2

クリームモンテを3回に分けて加え、ホイッパーで混ぜ合わせる。

3

ふやかした板ゼラチンをボールに入れ、2の一部を加えて混ぜ合わせる。

4

3を40℃になるよう湯せんで温めたら、2の残りを戻して混ぜ合わせる。

3

中火で混ぜながら火を通し、イチゴが煮崩れるまで煮たら火からおろす。

4

3の一部を1に加え、混ぜて溶かし、3に戻して混ぜ合わせる。粗熱がとれたら、ふやかした板ゼラチンを加えて混ぜ、溶かす。

クレーム・フロマージュ

材料

直径5.5cm×高さ4.5cmのセルクル 30個分

クリームチーズ（フロマジェリーベル「キリ クリームチーズ」）…450g
マスカルポーネチーズ（パルマラット「マスカルポーネ」）…150g
クレームモンテ35%…560g
板ゼラチン…10.5g
グラニュー糖…150g
白ワイン…120g
卵黄…90g

3

セルクルの底に入れ、160℃のオーブンで20分焼く。下はオーブンから取り出したもの。

コンフィチュールトマト

材料

直径5.5cm×高さ4.5cmのセルクル 30個分

グラニュー糖…100g
ペクチン…2.5g
冷凍イチゴホール（ボアロン）…120g
トマトジュース100%…80g
レモン果汁…8g
蜂蜜…16g
板ゼラチン…3g

1

グラニュー糖の一部に、ペクチンを加え混ぜ合わせる。

2

冷凍イチゴホール、トマトジュース、レモン果汁、残りのグラニュー糖を小鍋に入れ、火にかける。

083

材料と作り方

PÂTISSERIE étonné　パティスリー エトネ

ピエロ

5

4の上面に、クレムシャンティを絞り袋で絞る。

6

イチゴとフランボワーズをのせ、イチゴにナパージュをぬり、フランボワーズに粉糖をふる。最後に南天の葉、カードを飾る。

組み立て

1

クレーム・フロマージュを絞り袋に入れ、クランブルを敷いたセルクルの7分目まで絞る。

2

ヘラでセルクルの内側にクレーム・フロマージュを塗ったら、コンフィチュールトマトをのせる。

3

クレーム・フロマージュを絞り、ヘラで表面を平らにする。冷凍庫で一晩冷やす。

4

凍え固まったら上面にナパージュをぬり、セルクルの表面をバナーで炙って外す。

5

小鍋にグラニュー糖と白ワインを入れて溶かしたら、その一部を、卵黄を入れたボールに加えて混ぜ合わせる。

6

5の卵黄を小鍋に戻し、80℃まで温める。

7

粗熱がとれたらミキシングボールに移し替え、混ぜ合わせる。

8

4を加え、泡をつぶさないように混ぜ合わせる。

パティスリー イデ
Pâtisserie idée

オーナーシェフ 井伊秀仁

立体感ある味わいが洋菓子の醍醐味

閑静な住宅地にある『パティスリー イデ』。生ケーキは常時約15種、焼き菓子も多数並ぶ。窓際に客席が8席あり、イートイン限定のパフェも大人気だ。独立開業時に意識したのは、かわいらしさと愛らしさ。「雑貨を見ている感覚になれるように」と、内装やインテリアは淡色で統一し、フレンチシックな雰囲気が漂う。ケーキもフランス菓子がベース。「味に抑揚が感じられるのが洋菓子の醍醐味。ひとくち目の味、最後のひとくちの味わいに変化が生まれるよう心掛けています」とオーナーシェフの井伊さん。抑揚を出すために大切なのは甘みと塩味、酸味のバランスだと言う。「たとえば『イデのチーズケーキ』には、サワークリームの酸味と塩をプラス。『ネージュ』は下に敷いたクッキー・スペキュロスのスパイスがアクセントに。塩とスパイスは、チーズケーキの主役となるチーズを引き立ててくれます」。

住所／兵庫県尼崎市武庫之荘2-23-16 ojフィールド101
電話／06-6433-1171
URL／http://idee-idee.net/
営業時間／10:00～20:00
定休日／水曜日

イデのチーズケーキ
390円(税別)、ホール2400円(税別)

ネージュ
440円(税別)

材料と作り方

イデのチーズケーキ

スポンジ生地

材料

直径15cm（5号サイズ）丸型　20個分

全卵…2000g
グラニュー糖…1000g
サラダ油…150g
牛乳…125g
薄力粉…900g
水…125g
ラム酒…25g

1 冷蔵庫から出してすぐの全卵とグラニュー糖をボールに入れ、高速のミキサーで泡立てる。

2 泡立ったら、中速にスピードを落として、リュバン状まできめを整える。

3 鍋でサラダ油と牛乳を温めておく。

4 薄力粉をふるい、2に加えてしっかり混ぜ合わせる。

5 3の牛乳とサラダ油、ラム酒を入れてさらに混ぜ、丸型に流し入れ190℃のオーブンで20分焼成。

ベイクド生地

材料

直径15cm（5号サイズ）丸型　8台分

クリームチーズ（よつ葉乳業「北海道十勝クリームチーズ」）
　…2000g
サワークリーム（中沢乳業）…900g
グラニュー糖…675g
バニラオイル…1g
全卵…450g
卵黄…135g
生クリーム42％（よつ葉乳業「根釧純生クリーム42」）…900g
コーンスターチ…90g
レモン果汁…45g
スポンジ生地…8台分

粉糖
ベイクド生地
スポンジ

通年提供している、定番チーズケーキ。もともとベイクドチーズケーキは、外国産のチーズとタルト生地で作っていたが、「よつ葉乳業」のクリームチーズとの出合いによりリニューアル。国産の素材のみを使ったチーズケーキづくりに挑戦した。ミルク感とコクがあるよつ葉のクリームチーズは、味に納得したのはもちろん、海外のチーズと比べコスト面での利点もある。コーンスターチを使うことで保水性が向上し、ふんわり軽いが、しっとり感もある食感が実現した。チーズの下に敷く生地はスポンジに変えることで、より一体感も高まった。ホールはアニバーサリー目的のお客のリクエストにより、季節のフルーツをトッピング。華やかなビジュアルになるよう工夫している。

088

Pâtisserie idée　パティスリー イデ

1

ボールに、常温に置いて柔らかくしたクリームチーズと、サワークリームを入れる。

2

ホイッパーでなめらかになるまで混ぜ合わせる。

3

よく混ざったら、グラニュー糖を加えて混ぜ合わせる。

4

バニラオイルを加えて、さらにしっかり混ぜ合わせる。

5

溶きほぐした卵を、5回くらいに分けて加えながら混ぜる。ツヤが出るまでしっかり混ぜ合わせる。

6

生クリームを加えて混ぜ合わせたら、コーンスターチを加えて混ぜ合わせる。最後にレモン果汁を加え混ぜる。

7

丸型に、スポンジ生地を入れる。

8

7に6を640gずつ入れ、ゴムベラで表面を平らにする。

9

湯せんにかけ、180℃のオーブンで30分焼く。表面の焼き色を確認してからさらに30〜40分焼く。

10

粗熱をとってから型から抜く。カットする場合は粉糖を振る。ホールの場合は縁に季節のフルーツを並べ、粉糖を振り、カードをのせる。

材料と作り方

ネージュ

- ブルーベリー
- ホワイトチョコレート
- カシスのナパージュ
- スペキュロス
- フロマージュ・クリュ（中にカシスソース）
- スポンジ生地

スポンジ生地

材料 作り方　088ページ参照

スペキュロス

材料（70枚分）

無塩バター…200g

A
きび砂糖…260g
塩…2g
オレンジゼスト…1個

B
全卵…50g
牛乳…15g

C
薄力粉…200g
強力粉…200g
シナモンパウダー…2g
カルダモン…1g
ベーキングパウダー…6g

1 ボールに無塩バターを入れ、ポマード状にしたら、Aを加えて混ぜ合わせる。
2 Aが混ざったら、Bを加えて混ぜ合わせる。
3 Bが混ざったら、Cを加えて1晩寝かせる。
4 麺棒で伸ばして型抜きし、160℃のオーブンで30分焼く。

カシスソース

材料（70個分）

カシスピューレ…500g
果糖…70g
レモン果汁…10g
粉ゼラチン…14g
カシスリキュール…10g

1

小鍋にカシスピューレ、果糖を入れて混ぜ合わせる。

「ゼラチンを使っていないレアチーズケーキを作りたい」と考案。できるだけさっぱり食べられてコクもあるという理想を叶えるのがクリームチーズ「ネージュ」と2種（42％、36％）の生クリームだった。構成も複雑で、フロマージュ・クリュの中には半生状態のカシスソースが。噛んだときにカシスらしさが弾けるよう裏漉しせず、皮の食感を残している。さらにスパイスを効かせたクッキー・スペキュロスと同じ型で抜いたホワイトチョコレートでフロマージュ・クリュをサンド。ひとくちごとに異なる味わいが楽しめる。また下に敷いたスペキュロスがフロマージュ・クリュの水分を吸って湿気ってしまわないようフロマージュ・クリュの下にはスポンジを敷き、さらにスペキュロスもホワイトチョコレートでコーティングしている。

Pâtisserie idée パティスリー イデ

1

ボールにクリームチーズとサワークリームを入れて混ぜ合わせる。

2

なめらかになったら、グラニュー糖と塩を加えて混ぜ合わせる。

3

レモン果汁を加え、混ぜ合わせる

4

火にかけ、グラニュー糖をしっかり溶かす。

5

火からおろし、生クリーム2種を合わせたものを3〜4回に分けながら入れて混ぜ合わせる。

6

ディポジッターに入れてシリコン型に絞る。

7

ショックフリーザーに入れ、冷凍する。

フロマージュ・クリュ

材料

直径6cm×高さ5cmのセルクル 30個分
クリームチーズ(雪印メグミルク「ネージュ」)…750g
サワークリーム(中沢乳業「サワークリーム」)…180g
グラニュー糖…135g
塩…2g
レモン果汁…24g
生クリーム42%(よつ葉乳業「根釧純生クリーム42」)…285g
生クリーム36%(明治「フレッシュクリーム36%」)…450g
ホイップクリーム…適量

2

レモン果汁を加えて火にかけ、80℃まで温める。

3

火からおろし、水でふやかした粉ゼラチンを入れて溶かす。

4

カシスリキュールを入れて混ぜ合わせる。

5

すぐに氷水にあて、25℃まで急冷する。

材料と作り方

Pâtisserie idée　パティスリー イデ

ネージュ

6

8分立てにしたホイップクリームをモンブラン口金で絞る。

7

花型で抜いたホワイトチョコレートをのせる。

8

ブルーベリーをのせ、カシスのナパージュを絞り、金箔を飾る。

3

トレイにホイップクリームを絞る。

4

ホワイトチョコレートにくぐらせたスペキュロスを、3にのせる。

5

2が固まったら型から抜いて4にのせる。

6

再び火にかけ、23℃まで温めたら完成。

組み立て

1

セルクルにスポンジ生地を敷き、シリコン型から抜いたカシスソースを入れる。

2

フロマージュ・クリュを絞り袋に入れ、1に55gずつ絞る。土台を揺らして表面を平らにし冷蔵庫で保存。

092

ケークの技術

新しい形、見せるデコレーション、季節限定品などなど、話題のケークが一堂に。関東、関西、中部の人気パティスリー35店の評判ケークのレシピと、その配合と組み立て方の考え方、個性づくりの視点を詳しく解説。各店のケークのバリエーションも紹介。

【本書に登場するお店】

- フランス菓子 アルカイク（埼玉・川口）
- マテリエル（東京・大山）
- パティスリー ヴォワザン（東京・荻窪）
- ピュイサンス（神奈川・横浜）
- パティスリー ジラフ（富山・黒瀬北町）
- メゾン・ド・プティ・フール（東京・仲池上）
- ガトー・ド・ボワ ラボラトワール（奈良・四条大路）
- パティスリー ユウ ササゲ（東京・南烏山）
- シェ シバタ（愛知・名古屋）
- パティスリー アカシエ（埼玉・さいたま）
- パティスリー グラム（愛知・名古屋）
- パティスリー レタンプリュス（千葉・流山）
- ル ジャルダンブルー（東京・多摩）
- パティスリー モンプリュ（兵庫・神戸）
- パティスリー エチエンヌ（神奈川・川崎）
- アルカション（東京・練馬）
- アグレアーブル（京都・夷川通高倉東入）
- パティスリー エキュバランス（京都・北白川）
- ドゥブルベ・ボレロ（滋賀・守山）
- エルベラン（兵庫・西宮）
- パティスリー・パクタージュ（東京・町田）
- パティスリー シエルブルー（岡山・総社）
- パティスリー プレジール シュクレ（京都・河原町通丸太町上）
- パティスリー ミラヴェイユ（兵庫・宝塚）
- パティスリー・アプラノス（埼玉・さいたま）
- ル パティシエ ティイイムラ（東京・東向島）
- コム トゥジュール（京都・小山元町）
- パティスリー セリュリエ（愛知・東海）
- フランス菓子 ルリス（東京・三鷹）
- パティスリー シュエット（兵庫・三田）
- パティスリー カシュカシュ（埼玉・さいたま）
- パティスリー リエルグ（大阪・玉串町東）
- パティスリー ラ・キュイッソン（埼玉・八潮）
- シュクレリーナード（東京・雪谷大塚）
- クラックラン アルザス（千葉・花見川）

B5判　184ページ
定価3500円＋税
ISBN978-4-7511-1200-7

お申し込みはお早めに！　旭屋出版　https://www.asahiya-jp.com

レ・グーテ
Les goûters
オーナー・パティシエ 澤井志朗

▼

口の中で、優しくとろけるようなスフレで構成

ディスプレイにも遊び心を感じる、カラフルな空間が特徴のパティスリー。2010年のオープン時から提供するスフレチーズケーキだが、現在まで何度も形状を変えてきた。形だけではなく、夏場にはパッションフルーツのピューレを合わせるなど季節に合わせたアレンジもスポットで行う。澤井シェフがケーキ作りで意識するのは「幅広い客層に好まれるもの」かつ「オリジナル性のあるもの」。味を重ねての相乗効果は狙わず、シンプルな組み合わせのみで、素材の魅力を表現する。チーズケーキの配合のポイントは、メレンゲに入れるグラニュー糖の量を多めに配合していること。そうすることで、口の中で軽やかに溶けるような生地が生まれる。そのはかない食感を実現するために、最終段階の生地の合わせや、絞りの作業に細心の注意を払った一品だ。ショーケースにもう1種定番で並べる、濃厚なベイクドチーズケーキとの対比も面白い。

住所／大阪府大阪市西区京町堀1-14-28　UTSUBO＋2　1階
電話／06-6147-2721
URL／http://les-gouters.com/
営業時間／11:00～19:00
定休日／月曜日、火曜日

フフレ
480円（税別）

材料と作り方

フフレ

粉糖
クッキー
キャラメルソース
ホイップクリーム
スフレチーズケーキ
ディプロマット(中にキャラメルソース)
スフレチーズケーキ
(中にフロマージュブラン)

スフレチーズケーキ

材料

直径6㎝×高さ5㎝のシリコン型　64個分

牛乳…681g
バニラ…2.55g
卵黄…307g
グラニュー糖…100g
コーンスターチ…37g
カマンベールチーズ
(明治「カマンベールスプレッド」)
　…170g
クリームチーズ(タカナシ乳業)
　…681g
レモン汁…27g
卵白…272g
グラニュー糖…204g

「フフレ」というネーミングは、思わず微笑んでしまうほどの柔らかなスフレを表現した造語。繊細な柔らかさのため、焼成後にはある程度生地がしぼむ。それを型のまま冷凍してから取り出し、組み立てる流れだ。土台のスフレチーズケーキと生クリームで主に構成するが、味が単調にならないよう酸味のあるフロマージュブランを間にぬったり、焼き面とリンクするようにキャラメルソースを数か所に忍ばせたりするなど、口に入れた時の味わいのバランスを考慮する。先述の通り柔らかく繊細なため、組み立てるときは歪まないよう上から見てまっすぐになっているかバランスをチェックするのもポイント。砕いたクッキーをホイップクリームに飾っていくデコレーションも、どこか遊び心を感じられ、同店らしさ演出している。

1

雪平鍋に、牛乳とバニラビーンズを入れて火にかける。

2

ボールで卵黄と、コーンスターチとグラニュー糖を合わせたものを加え混ぜる。

096

Les goûters   レ・グーテ

10

オーブンの天板にダスターを敷き、水を張った上に9を置く。上火175℃、下火140℃で25分焼成する。その後、ダンパーを抜いて、210℃に上げる。約3分ほどで焼き色を付けて取り出す。

11

熱が冷めたらそのまま冷凍庫に入れ、凍らせてから型抜きする。

7

熱い状態の5に2種類のチーズを加える。泡だて器でダマがなくなりなめらかな状態になるまでしっかりと混ぜる。

8

7に、同じ固さに立てた6を加える。泡立て器でマーブル状になるまで混ぜ、ゴムベラに替えて合わせる。絞り袋に移す。

9

シリコマートのシリンダーを量りにのせ、1個35gになるよう絞る。生地に負担をかけないよう気を付ける。

3

1が沸騰したら、しっかりと混ぜながら2に加えていく。

4

粉のダマや牛乳の膜を取り除くため、3を漉し器で流す。

5

銅鍋に移し、90℃まではなるべく強火で炊く。焦げやすいため、しっかり混ぜながら温度を確認する。ツヤがでてくるのも目安。このとき、次に作業するメレンゲの仕上がりとタイミングを合わせることを意識する。

6

卵白とグラニュー糖で、メレンゲを立てる。しっかりと角が立つように立てるのがポイント。

材料と作り方

Les goûters　レ・グーテ

フフレ

組み立て

1

ボールにフロマージュブラン72gとグラニュー糖4gを入れ、ゴムベラで混ぜる。

2

台の上に解凍したスフレ生地を置き、1をナイフで薄くぬる。

3

ディプロマットを作る。生クリームと同量のカスタードクリームを混ぜる。

4

絞り袋に入れたディプロマットを、ドーナツ状に絞る。

5

4のディプロマットの中心に、キャラメルを絞る。

6

5の上にスフレを重ねる。ずれてこないよう、上から見てまっすぐ揃っているか確認し、冷蔵庫で1時間ほど冷やしてキャラメルを絞る。

7

しっかり立てた生クリームを上に丸く絞り、キャラメルで模様をつける。

8

生クリームが乾かないように、粉糖をふる。

9

仕上げに、クルミのクッキーを割ったものを飾る。

098

旭屋出版の製菓技術書のご案内

シュークリームの技術

35軒の人気パティスリーの個性溢れるシュークリームの技術をまとめた一冊。レシピだけでなく、各パティシエがどんな味を目指し、何を食べさせたいのかといったことも丁寧に解説しました。パータ・シューを使ったお菓子も紹介しています。

定価3500円＋税

デコール技法集

洋菓子をより魅力的に、味を美しく飾る「新入門書」

チョコレートの性質を利用し、テンパリングしないで細工するショコラ、ハローデックスやトレハロースをオーブンで焼いて作る造形デコールなど、この本のために発案した新作も登場します！

パティスリー　タダシ　ヤナギ
柳　正司

定価2500円＋税

メレンゲ細工 完全テクニック集

やさしい基礎から上級まで

フレイ延齢堂　鈴木廣明

メレンゲ細工は、ウイーンで育まれた伝統的な技巧菓子。絞り袋からメレンゲを絞り出すテクニックだけで、花、果物のほか、表情豊かな人形、動物まで作り出します。アメやマジパンでは作れない、メレンゲだから作れる表現力を生かす鈴木シェフのメレンゲ細工はまさにフィギュア。メレンゲのフィギュアの技法を解説した世界初の本です。

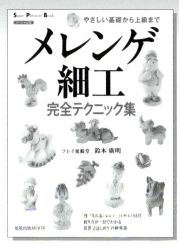

定価2500円＋税

お申し込みはお早めに！　旭屋出版　https://www.asahiya-jp.com

新しい飾り・デザインが
お菓子の個性とインパクトを高める！

人気パティスリーのデコレーション＆デザイン技法

**ショーケースでいますぐ活躍
普段づかいのデコレーション**
ホテル インターコンチネンタル 東京ベイ
徳永 純司

**大人女子の心をくすぐる
ポップ・モチーフのデコレーション**
オクシタニアル
中山 和大

**第一印象でつかむ
フォルムで遊ぶデコレーション**
アヴランシュ・ゲネー
上霜 考二

**曲線と差し色が生む優美
ロココ・モダンなデコレーション**
セ・ミニョン
山名 範士

**枠からどこまで自由になれるか
オーダーメイド・デコレーション**
ロートンヌ
神田 広達

**イベントに合わせて演出する
アニバーサリー・デコレーション**
グリューネベルク
濱田 舟志

■ A4判・128ページ
■ 定価 本体3800円＋税

旭屋出版
〒160-0005 東京都新宿区愛住町23番地2 ベルックス新宿ビルⅡ 6階
販売部（直通）☎03-5369-6423 https://www.asahiya-jp.com

★お求めは、お近くの
書店または左記窓口、
旭屋出版WEBサイトへ。

人気レストラン
チーズケーキ
の技術

クローニー
Crony
シェフ　春田理宏

こにしかない一皿を。創り上げるまでの想いが大切

レストランデザートの一皿だからこそ表現できるもの。熱々の出来立てチーズケーキという"温度"、スプーンですくうとふわりと軽く、口に含むとスッと溶けるような"テクスチャー"…これらを自由に組み合わせ、ベストな状態で提供できる事が魅力だという。例えば、熱々のチーズケーキに、エスプーマや冷たいソルベを組み合わせて、溶けゆく前の一瞬をその場で愉しんでいただける。また、チーズにも旬があるので、お客様にも旬を感じて頂きたい…という想いも込めているそう。同じチーズでも季節によって風味が異なり、3～5月のヤギや羊のチーズはフレッシュでより軽さが出て香りも芳醇。コースのあとに出すデザートなので、この軽さや口当たりも重要。今回使用したフレッシュシェーヴルは、日本への輸入期間も僅か1ヶ月未満と短く春の訪れをより感じれる。チーズケーキにあわせるソースや果物は様々で、シーベリーをあわせたりもする。修行していた北欧で親しまれているオレンジ色のベリー。ベリーの中でもより酸味が強いので、より軽やかに仕上がる。"奇跡の果実"と呼ばれるほど栄養価も高いので、召し上がったお客様のお腹と心が充たされるだけではなく、身体想いでもあるところが気に入って使用している。「一皿を創り上げるまでにどんなストーリーや想いがあるかが大切。よりこうしたらもっと良くなるのではないか？と探究を重ね今までにないもっと面白いものを作りたい」と話す。

住所／東京都港区西麻布2丁目25-24
NISHIAZABU FTビル MB1F(半地下1階)
電話／03-6712-5085
営業時間／18:00～26:00
コース18:00～20:00(L.O) wine bar 21:30～25:00(L.O)
定休日／日曜日、不定休あり

ハッサクとレモンのチーズタルトケーキ

材料と作り方

ハッサクとレモンのチーズタルトケーキ

チーズムース

材料(仕込みやすい分量約10人分)

牛乳…70g
グラニュー糖…10g
板ゼラチン…0.5g
シェーヴル・フレ(ナチュール)
　　…120g

1 板ゼラチンは冷水でふやかし、ペーパーで挟んで水気を切っておく。

2 牛乳、グラニュー糖、1を鍋に入れて沸騰する直前まで火にかける。

3
シェーヴル・フレをボールに入れ、2を少量ずつ加え、よく混ぜ合わせる。

4
3が完全に冷めたら、エスプーマの容器に入れてガスを加え、冷蔵保存する。

メレンゲ
八朔
タルトソース
レモンカスタードクリーム
シェーヴルチーズのムース

季節限定のチーズを軸に据えた一皿。スーっと口の中で溶けるサクサクのメレンゲ、その下に隠れているのはシェーヴルチーズのムースとレモンの爽やかな香りの甘酸っぱいクリーム、みずみずしい八朔、熱々のソース状のタルト。
全部を一緒に口に含むと、チーズタルトのような味になるというユニークな一皿。
チーズケーキの"生地"の部分と"タルト"部分の比重とバランスを従来のものと変えることで軽やかさを出し、今までにないチーズケーキを表現した。
チーズムースはエスプーマ状にし空気を含む事により、香りをより一層感じることができる。シェーヴル・フレの香りが余韻で鼻を抜ける。
シェーヴル・フレは、温めた山羊乳と凝乳酵素をあわせ水切りしたフレッシュチーズで、春から夏前までの季節限定のチーズ。ヨーグルトのような滑らかさと食感で酸味も柔らかいのにチーズの味わい深く、さっぱりとした甘さが特徴。
タルトの部分はそのままだとフルコースのデザートだと重たいので、ソース状に。タルト生地が焼きあがった時の香ばしい薫りがする熱々のソースをかけて、アクセントに添えた八朔の甘みと酸味、ほのかな苦味が一皿を纏め、よりさっぱり爽やかにいただけるように仕立てた。

104

Crony　クローニー

メレンゲ

材料(仕込みやすい分量約10人分)

卵白…50g
乾燥卵白…2.5g
グラニュー糖…100g
水…25g

1 グラニュー糖と水を鍋に入れて火にかけ、117度まで加熱する。

2
乾燥卵白と卵白を卓上ミキサーのボウルに入れて攪拌し、1を少しずつ全て加え高速で混ぜあわせる。ツヤが出て全体がなじむまで粗熱を取りながら混ぜる。約3分ほどで、粗熱がとれツヤが出てグレーがかってくるのが目安。

3
2をシルパットを敷いたプラックに80g分を5mmの厚さに伸ばし、コンベクションオーブン150度で30分焼く。

4
焼き終わったら、温かいうちにシルパットから外し、粗熱を取り、乾燥剤と一緒に密閉保存する。

8

6と7をさっくりと混ぜ合わせる。

はっさく

材料(仕込みやすい分量約10人分)

八朔…300g(2個分)
レモンジュース…適量

1 ハッサクの皮をナイフで剥き、果肉のみ指でひと粒ひと粒ほぐしながら取り出す。

2
ほぐした果肉にヒタヒタになるくらいのレモンジュースを加え、冷蔵保存する。

レモンカスタードクリーム

材料(仕込みやすい分量約10人分)

牛乳…150g
全卵…16g
卵黄…12g
グラニュー糖A…25g
薄力粉…7g
コーンスターチ…7g
バター…18g
レモンジュース…18g
35%生クリーム(35%)…80g
グラニュー糖B…4g

1 牛乳を鍋に入れて火にかけ、80度まで温める。

2 ボウルに全卵、卵黄を入れて泡立て器でほぐし、グラニュー糖Aを一度に加えてすり合わせるように混ぜる。

3 薄力粉、コーンスターチを2に加えて軽くまぜ、1を加えて溶きのばす。

4 3を漉しながら鍋に戻し、木ベラを絶えず動かしながら焦がさないように中火に15分間かける。15分後火を消して、バターを加えて混ぜ合わせる。

5 氷水に当てたバットに漉しながら薄く流して、乾燥しないようにラップで覆い、素早く冷ます。

6
完全に冷めて固まったところに、レモンジュースを加えハンドミキサーで混ぜ合わせる。

7 氷水を当てたボウルに生クリームとグラニュー糖Bを入れ、ホイップする。

材料と作り方

Crony　クローニー　　　　　　　　　　　　　　　　　　　　ハッサクとレモンのチーズタルトケーキ

5

メレンゲの表面を軽くバーナーで炙り香ばしさを出して、全体の上に覆いかぶせるように盛り付ける。

メレンゲをスプーンで割って食べると、中からレモンカスタードクリームとチーズムースと八朔が隠れていて出てくる。

盛り付け

1

皿にチーズムースを盛りつける。

2

レモンカスタードクリームを盛りつける。

3

八朔を盛りつける。

4

熱々のタルトソースをスプーンでかける。

タルトソース

材料（仕込みやすい分量約10人分）

バター	…80g
全卵	…12g
薄力粉	…35g
粉糖	…17g
アーモンドプードル	…4g

1 ロボクープにバター、全卵を加えて混ぜる。

2 1に薄力粉、粉糖、アーモンドプードルを加えて、さっくりと混ぜ合わせる。

3

2を鍋に移し、木ベラを絶えず動かしながら焦がさないように弱火に20分〜25分かける。

4 3を氷水に当てたバットに薄く流して、素早く粗熱を取り、熱の進行を止め、冷めたら冷蔵保存する。

106

ティエリー・マルクス
THIERRY MARX

シェフパティシエ　江藤英樹

フルーツの酸味と繊細な口溶けで、魅力的なチーズケーキに

レストランデセールは、作りたてをその場で召し上がってもらえるので、形や組み合わせるものの温度や食感でも、バリエーションを増やせることが魅力だという。デザートは、食事を召し上がった後に召し上がってもらうので、"口に含んだ際の食感、口溶けの良さ"を大事にする。たとえば、パウダーソルベを合わせて、口の中ですっと溶ける瞬間を愉しんでもらう。「チーズケーキのデザート」では、主役のチーズを生かすことを前提に、フルーツの"酸味"を合わせる。酸味の素材はハスカップや無花果なども相性が良いのでよく使う。ハスカップの形を残したコンポートに、マスカルポーネのふわふわとしたエスプーマ、バニラアイスとハスカップのソース、パルメザンチーズのチュイールをパフェ仕立てで提供するデザートも考案。「チーズケーキのデザート」で使用するチーズは、その時々で使い分けるが、愛用しているのはルガールとフィラデルフィア。ルガールはフランス・ブルターニュ地方の新鮮な原乳のみを使用していて風味が豊か。しっかりとしたコクがありながらマイルドで、酸味や甘み、塩気のバランスが良い。フィラデルフィアは、塩気も強く味も濃く全体的に重厚でこれぞクリームチーズという味わいなのでベイクドチーズでも使用した。「使うチーズを選ぶ楽しさもチーズケーキの魅力。当店はお祝いの席も多く、思い出に残る場面で、そのケーキで幸せにできることが嬉しい」と話す。

住所／東京都中央区銀座5-8-1 GINZA PLACE 7F
電話／03-0280-6234
営業時間／ランチ 11:30～15:30 (L.O.14:00)
ディナー 18:00～22:00 (L.O.21:00)、バータイム 20:30～22:00 (L.O.21:30)
定休日／レストラン営業は無休　※バータイムは日・祝　定休
URL／https://www.thierrymarx.jp/dining/

"白妙" 軽いクリームチーズのムース
1300円（税別）

ベイクドチーズケーキ

材料と作り方

"白妙" 軽いクリームチーズのムース

くるみのクランブル

材料（50人分）

くるみ	…25g
くるみパウダー	…50g
薄力粉	…50g
カソナード	…50g
バター	…50g

1. くるみはローストし、あら刻みしておく。ボウルにくるみ、くるみパウダー、薄力粉、カソナードを入れて混ぜあわせる。混ざったら、バターを入れて指でつぶすように粉となじませる。
2. オーブンに入れて160℃で約20分焼く。

小夏のコンフィチュール

材料（10人分）

小夏	…300g
グラニュー糖	…30g

1. 小夏の外側の黄色の部分の皮を切る。白い甘皮部分ごとザク切りにする。白い甘皮部分が酸味を和らげてくれちょうどいいバランスになるため、切りとらないのがポイント。
2. 鍋に小夏と砂糖を入れて弱火でとろみがつくまで煮込む。アクが出たら取り除く。

ヨーグルトパウダーソルベ
金箔
クリームチーズのエスプーマ
小夏のコンフィチュール
ソルベ小夏ココナッツ
くるみのクランブル

初夏の訪れを告げる爽やかなチーズケーキ。くるみの風味豊かなザクザクのサブレ生地、クリームチーズのエスプーマ、甘酸っぱい小夏のコンフィチュール、ココナッツと小夏のソルベ、さっぱりとした口溶けのヨーグルトパウダーソルベ、マスカルポーネのチュイルが順に盛り付けられていて、スプーンで上から下までスーッと入るイメージで"口溶けの良さ"を重視した一皿。クリームチーズはエスプーマ状にする事でチーズの酸味を生かし、ふんわり軽い食感のきめ細やかな形状に。チュイルは上品な甘さとコクのあるマスカルポーネチーズを使い、薄く仕立てサクサクな食感に。チーズを使いわけることで、味わいに奥行きを出した。より食感の対比を生かすために、くるみを敢えて粗めに刻んだクランブルにしているのもポイント。あわせた白木果樹園の土佐小夏は、ほどよい甘さと酸味の優れたバランスが上品な清涼感のある味わいで、チーズケーキと相性が良く後味もさっぱりといただける。小夏の香りがより一層おいしさを引き立て、甘味の中に酸味がうまく調和し纏まった一皿に仕立てた。

THIERRY MARX　ティエリー・マルクス

ヨーグルトのパウダーソルベ

材料(10人分)

- ヨーグルト…300g
- 生クリーム(35%)…110g
- 粉糖…35g

1

ヨーグルト、生クリーム、粉糖を容器に入れてパコジェットにかける。

ソルベ小夏ココナッツ

材料(10人分)

- ココナッツピューレ…250g
- 水…135g
- グラニュー糖…45g
- 水あめ…10g
- トリモリン…10g
- ヴィドフィックス…1g
- 小夏の果汁…75g

1

グラニュー糖とヴィドフィックスを混ぜ合わせておく。

2

鍋に水、ココナッツピューレ、水あめ、トリモリンを合わせて火にかけて溶かし合わせる。

3

全部溶けたら1を加えてよく混ぜる。

4 よく混ぜたら火を止めて粗熱を取って冷ます。冷ましてから小夏の果汁を入れて混ぜあわせる。混ざったらパコビーカーに注いで冷凍庫で冷やし固める。

クリームチーズのエスプーマ

材料(10人分)

- フィラデルフィアクリームチーズ…130g
- サワークリーム…35g
- 生クリーム(35%)…150g
- グラニュー糖…15g
- 牛乳…40g

1

クリームチーズは仕込む前に常温に出しておく。ボウルにクリームチーズを入れてゴムベラで混ぜて柔らかくなめらかにする。サワークリームとグラニュー糖を入れてゴムベラで混ぜあわせる。

2

生クリームと牛乳を少しずつ入れて泡立て器で混ぜあわせる。混ざったらシノワで漉す。

3 エスプーマ用の容器に入れて冷蔵庫で冷やす。

材料と作り方

"白妙" 軽いクリームチーズのムース

3

2の中央をスプーンで少し凹ませて、小夏コンフィチュールを盛りつける。

4

ココナッツと小夏のソルベを盛りつける。上にヨーグルトのパウダーソルベを飾りつける。

5

マスカルポーネチュイルを盛り付け、金箔を飾る。

4

オーブンから出して、焼きたてを手ではがして丸く形成する。

盛り付け

1

皿にくるみクランブルを敷く。

2

上にチーズエスプーマを絞る。

チュイールマスカルポーネ

材料(10人分)

マスカルポーネ	…50g
小夏の果汁	…50g
グラニュー糖	…20g
コンスターチ	…10g

1

ボウルにコンスターチとグラニュー糖を入れてよく混ぜあわせる。粉の粒子の大きさが異なるとダマになるので、事前に必ず混ぜあわせる。

2

小鍋にマスカルポーネ、小夏果汁を入れて1を入れる。泡立て器でかき混ぜながら弱火にかける。サラサラとした状態からとろみがついてくるまで火にかける。とろみがついたら火からおろす。

3 シルパットに薄く伸ばして、オーブンに入れて90℃で15分焼く。

112

THIERRY MARX　ティエリー・マルクス

ベイクドチーズケーキ

タルトフロマージュ

材料

〜ルセット〜 10cm型3台分
フィラデルフィアクリームチーズ…200g
薄力粉（バイオレット）…30g
生クリーム（35%）…200g
全卵…2個
ハチミツ（アカシア）…45g
グラニュー糖…45g
レモン果汁…10g
くるみのクランブル…105g
醗酵バター…30g

素材が生きたチーズケーキ。チーズケーキはずっしりと重厚なものが多いが、材料の比率をかえることで濃厚ながらも驚くほど軽い口当たりに仕立てた。軽さを出すために、粉の分量を少なく調整して、生クリームとクリームチーズは同量使いしっとりとしたアパレイユに。チーズケーキはしっかりとよく焼いて、ファーブルトンのようなイメージで。この焼き加減がポイント。シンプルな見た目からは想像がつかないほど口に含むとスッと滑らかに溶けてゆく繊細で軽やかなチーズケーキ。チーズケーキの表面を香ばしくクリスピーな食感に焼き上げ、内部はしっとりとしたレアな口当たりの対比と、濃厚なチーズの風味、爽やかなレモンの香りとはちみつの甘さのアパレイユが一体化しているのが特徴。マスカルポーネのシャンティ、芳醇な香りのソーテルヌのソース、丸くくりぬいたメロンを添え爽やかに。今回は皿盛りにしたが、丸く焼いたチーズケーキの上にマスカルポーネシャンティ、周りに盛り付けたものを上に全部上に盛りつける形状にアレンジもできる。

1

ミキサーのボウルにクリームチーズと砂糖、ハチミツを入れて低速で混ぜ合わせる。

2

低速のまま卵を入れて混ぜあわせる。続いて薄力粉を入れて混ぜ合わせる。途中、ボウルの縁に付いた粉を落とし、低速で混ぜる。

113

材料と作り方

ベイクドチーズケーキ

マスカルポーネシャンティ

材料(10人分)

- 生クリーム(35%)…100g
- マスカルポーネ…50g
- グラニュー糖…25g

1 マスカルポーネはあらかじめ柔らかくなめらかにしておく。生クリーム、マスカルポーネ、グラニュー糖を入れて泡立て器で混ぜあわせる。7分立てくらいまで立てる。

6

シルパットの上に内側にクッキングペーパーをセットした10cmのセルクルを置き、5をセルクルの底に敷き詰めて、スプーンで押して土台を形成する。

7

6の上にアパレイユを130g流し入れる。

8

オーブンに入れて180℃で30〜35分焼く。

3

クリームを少しずつ加えながら混ぜ、レモン果汁を入れて混ぜる。

4

しっかり混ざったらシノワで濾す。

5

溶かしバターとくるみクランブルをゴムベラで混ぜ合わせる

THIERRY MARX ティエリー・マルクス

4

ミント、ディルを散らす。くりぬいたメロンを盛りつける。菜の花の花の部分、エディブルフラワーの花びら、ナスタチウムの葉を盛りつける。

5

粉糖をふりかける。くり抜いたメロンの上に金粉を飾る。

盛り付け

1

ベイクドチーズケーキを8等分にカットする。

2

ソースソーテルヌをスプーンでひく。

3

マスカルポーネシャンティを絞る。

ソースソーテルヌ

材料(作りやすい分量)

ソーテルヌ…100g
はちみつ…10g
レモン果汁…10g
春菊…2g
バジル…2g

1

鍋にソーテルヌを入れて煮詰めて濃度をつける。春菊はサッと茹でて冷水にとる。

2 はちみつ、レモン果汁、春菊、バジルを合わせてミキサーにかけペースト状にする。1と混ぜあわせる。

ESSENCE
エサンス

シェフ　内藤史朗

コースのしめくくりに、後に残さない軽さを重視

フロマージュブランの酸味、マスカルポーネのコク、ブルーチーズの香りなど、個性的な味わいは素材として魅力のある素材。ただし、コースの最後にお出しするデザートに取り入れる場合には、チーズそのものを味わっていただくというより、それぞれのチーズが持つ風味や香りのエッセンスを他の要素の中になじませるように、加えすぎず、行きすぎず、かつ利かせていく。個性の強い分、使い方を間違えると、しめくくりの後口にくどさが残ってしまうからだ。加える量は控えめにしながらも風味や香りをしっかり出し、味わいにキレを出していくことがポイントになる。

さらに、レストランのデザートでカットして出すだけのチーズケーキでは楽しさがない。温度感であったり、食感であったり、即興的に表現できるアシェットデセールであるからこそ、その特性を活かし、"楽しさ"を演出したい。なめらかなムースに口溶けのよいエスプーマ、すべらかなアイスクリーム、フレッシュフルーツやソース、ピリッと利かせる香辛料…。様々な要素の中で、チーズもまた一つの要素として、全体の調和の中に存在する。

住所／東京都三鷹市下連雀2-12-29 2F
電話／0422-26-9164
営業時間／11:30〜14:00、18:00〜21:00
定休日／月曜日

フロマージュブランと酒粕のムース　枡の香り
※コースの中の1品

ロックフォールチーズのババロアとアイスクリーム
※コースの中の1品)

マスカルポーネとクリームチーズのムース　キイチゴ添え
※コースの中の1品

材料と作り方

フロマージュブランと酒粕のムース 枡の香り

- フロマージュブランのムース
- 梅酒ゼリー
- 酒粕のエスプーマ
- メレンゲ

フロマージュブランのムース

材料（20人分）

フロマージュブラン…500g
生クリーム（35％）…120g
グラニュー糖…50g

1
フロマージュブランをキッチンペーパーで挟み、ペーパーを取り替えながらしっかり水を切る。

2
生クリームとグラニュー糖をミキサーに入れ、軽く泡立てて砂糖を溶かし込む。

日本酒をテーマに、枡の中に多彩な要素を重ねて作ったチーズケーキ。チーズの中でもフレッシュな酸味のフロマージュブランはデザートに取り入れる頻度が高い。もともと福島の大七酒造とは縁が深く、同蔵元の日本酒や酒粕を料理に取り入れることが多かったのだが、酒粕を使ったデザートをと考案したのがフロマージュブランとの取り合わせだ。クセのないフロマージュブランの風味は酒粕の香りによく合い、提供の仕方を変え、様々な形で店のデザートに登場する。このチーズケーキでは、台にサクサクと軽いメレンゲを敷き、酒粕のクリームをエスプーマにして重ねる。生クリームと合わせて、ふんわりと軽いエスプーマにすることで、酒粕特有の香りも風味も重くなりすぎない。いちばん上に重ねるフロマージュブランのムースも、口溶けを考慮してゼラチンを使わず、ふんわりと作る。フロマージュブランは水気が多いので、きっちりと水気を取ることで風味やコクが活きてくる。このエスプーマとムースだけでは同調しすぎるため、間に梅酒のゼリーを挟んで味わいと食感に変化をもたせる。この梅酒もまた大七酒造の生酛造りの純米酒から造られたもの。日本酒を使ったデザートというと、香りや風味の点で個性が勝ちすぎるイメージがあるが、食べなじみのあるフロマージュブランと合わせることで、爽やかな食後のケーキへと転化させた。

ESSENCE　エサンス

メレンゲ

材料(20人分)

卵白…180 g
グラニュー糖…90 g
コーンスターチ…20 g

1. 卵白を泡立てて9分立てになったらグラニュー糖、コーンスターチを加えて混ぜ合わせる。
2. 1のメレンゲを口金をつけた絞り出し袋に入れ、バットの上に棒状に絞り出す。
3.
110℃に設定したコンベクションオーブンに入れ、2時間ほど乾燥焼きにする。

酒粕のエスプーマ

材料(20人分)

牛乳…100 g
酒粕(大七酒造「とろける酒粕」)…30 g
グラニュー糖…25 g
生クリーム…200 g

1.
鍋に牛乳と酒粕、グラニュー糖を合わせて火にかける。泡だて器でよく混ぜ合わせながら沸かし、沸いたら火からおろし、冷ます。
2. 冷ましてから生クリームを加えて混ぜ合わせ、エスプーマに入れ、ガスを充てんし、冷やしておく。

※酒粕は福島の大七酒造「とろける酒粕」を使用。なめらかなクリーム状で、漉す必要がなく、料理にもそのまま使える。

水気を切ったフロマージュブランを加え、ふんわりとした状態になるまでよく撹拌する。使用時まで冷蔵庫で冷やしておく。

梅酒ゼリー

材料(20人分)

梅酒…200 g
板ゼラチン…4枚(1枚3 g)

1. 板ゼラチンを水につけてふやかす。
2. 梅酒を沸かしてアルコール分を飛ばし、火からおろしてから板ゼラチンを加えて溶かす。
3. 粗熱が取って保存容器などに流し入れ、冷蔵庫で冷やし固める。

※福島・大七酒造の純米酒ベースの梅酒を使用。

材料と作り方

フロマージュブランと酒粕のムース 枡の香り

フロマージュブランのムースを枡いっぱいにつめ、表面をパレットナイフでならす。

5 仕上げにピパーツを少量ふりかける。

※ピパーツは八重山地方に自生する胡椒・ヒハツモドキの実を使った香辛料。独特の爽やかな香りとピリッとした辛みが特徴。

盛り付け

仕上げ用

仕上げ用…ピパーツ

1

枡の底にメレンゲを並べる。

2

酒粕のエスプーマをメレンゲの上に絞る。

3

梅酒ゼリーを2〜3cm角に切り、エスプーマの上に並べる。

122

ESSENCE　エサンス

ロックフォールチーズのババロアとアイスクリーム

材料と作り方

ロックフォールチーズの
ババロア

ドライイチジクの
バニュルスソース

ロックフォールチーズの
アイスクリーム

ロックフォールチーズのババロア

材料（6個分）

牛乳…140g
グラニュー糖…20g
ロックフォールチーズ…20g
板ゼラチン…1枚（3g）
生クリーム…90g

1 板ゼラチンは水につけてふやかしておく。

2
鍋に牛乳とグラニュー糖、ロックフォールチーズを合わせて火にかけ、泡だて器でよく混ぜ合わせながら沸かし、砂糖とチーズを溶かす。

3
砂糖とチーズが完全に溶けたら板ゼラチンを加えて溶かし、生クリームを加えて泡だて器でよく混ぜ合わせる。

ブルーチーズの独特の鋭い香りをデザートに活かしたいと、ギリギリのバランスで配したのがこのレシピ。ババロアとアイスクリームのどちらにも、ロックフォールチーズを加え、それぞれの食感の差を楽しんでもらう。青カビのチーズというとどうしてもクセがあると苦手な人も多い素材だが、ほんのりと香らせることで、クセではなく香りへと転じる。
ロックフォールチーズはAOC指定のチーズで南フランス産。同じ南フランスで生産される濃厚な甘さと果実味を持つワイン・バニュルスを使い、ドライイチジクと一緒に煮詰めることで、しっかりとした風味のあるソースを作った。これにより、ロックフォールチーズの香りや塩味にもしっとりとなじみ、まろやかな風味が生まれる。ソースとともに欠かせないのがクルミとレーズンだ。ババロアはつるりとしたなめらかさがほしいため、通常泡立てて加える生クリームを泡立てず、そのまま加えて仕上げている。軽やかなババロアとアイスクリームに、ナッティー感やドライフルーツの凝縮感が必須で、これらがあることでいろいろな食べ味を楽しんでもらうこともできる。さらに、エスペレット唐辛子のスモーキーな香りと辛味をふり、全体を引き締めている。

123

材料と作り方

ロックフォールチーズのババロアとアイスクリーム

盛り付け

仕上げ用

クルミ、レーズン、エスペレット唐辛子

1

皿に型から取り出したロックフォールチーズのババロアを盛り、まわりに半分に切ったバニュルスソースのドライイチジク、クルミ、レーズンを彩りよく並べる。

2

ロックフォールチーズのアイスクリームをババロアの横に盛り、バニュルスソースをまわりに流し、仕上げにエスペレット唐辛子をふる。

ドライイチジクのバニュルスソース

材料(仕込み量)

ドライイチジク…適量
バニュルス…適量

1

鍋にドライイチジクを入れてバニュルスを加え、バニュルスがとろりとするまでしっかり煮詰める。

※バニュルスは南フランス、ルーション地方の酒精強化ワイン。しっかりとした果実味と甘味が特徴。

4

粗熱を取ってから型に流し、冷蔵庫で冷やし固める。

ロックフォールチーズのアイスクリーム

材料(20人分)

牛乳…200 g
グラニュー糖…80 g
水あめ…20 g
ロックフォールチーズ…45 g
生クリーム…350 g

1 鍋に牛乳とグラニュー糖、水あめ、ロックフォールチーズを合わせて沸かし、砂糖とチーズを溶かす。

2 砂糖とチーズが溶けたら火からおろし、生クリームを加えて混ぜ合わせる。

3 よく冷やしてからアイスクリームマシンに入れ、アイスクリームを作る。

材料と作り方

ESSENCE　エサンス

マスカルポーネとクリームチーズのムース キイチゴ添え

マスカルポーネのムース

材料（15人分）

生クリーム…150 g
マスカルポーネチーズ…250 g
卵黄…3個
グラニュー糖…50 g
水…適量
板ゼラチン…1枚（3 g）

1 マスカルポーネチーズは室温に戻しておく。板ゼラチンは水につけてふやかしておく。

2

生クリームをミキサーで泡立ててから、マスカルポーネチーズを加えて攪拌し、よく混ぜ合わせる。

クリームチーズのエスプーマ
キイチゴのアイスクリーム
マスカルポーネのムース
パルメザン風味のチュイール

パルメザン風味のチュイールにマスカルポーネチーズとクリームチーズのムースを詰め込んだ、チーズケーキデザート。間にチーズとの相性が抜群の甘酸っぱいキイチゴのアイスクリームを挟み、食べ味の変化とひんやりとした冷たさも楽しんでいただく。フレッシュタイプのマスカルポーネチーズはコクや風味がほどよく、デザートの材料として使いやすい。ここでは泡立てた生クリームと卵黄を合わせてフワフワのムースに。一番下の層にするため、少しゼラチンを加え、形を保ちやすくしている。一方のクリームチーズはエスプーマにしてより軽く。クリームチーズと牛乳、生クリームだけでは味が平板になってしまうので、レモンの酸味をほんの少し加えることでキレを出した。器の役割にもするチュイールにはパルメザンチーズをすりおろして加えている。チーズを加えることで焼き上がりの香ばしさがより際立ち、風味もよくなる。さらに、薄く焼いた生地のサクサク感がムースやエスプーマのなめらかさに好対照に。立体的な盛り付けを作ることもでき、フレッシュのキイチゴと食用花の花びらを添えることで、ひときわ華やかで愛らしい一皿に仕立てた。

125

材料と作り方

マスカルポーネとクリームチーズのムース キイチゴ添え

キイチゴのアイスクリーム

材料(20人分)

- キイチゴピューレ…300 g
- シロップ
    - 水…200 g
    - グラニュー糖…100 g
    - 水あめ…20 g

1 シロップの材料を合わせて沸かし、シロップを作り、冷やしておく。

2 キイチゴピューレと冷やしたシロップを混ぜ合わせ、アイスクリームマシンに入れ、アイスクリームを作る。

パルメザン風味のチュイール

材料(4個分)

- 無塩バター…20 g
- 卵白…1個分(30 g)
- 粉糖…40 g
- 薄力粉…30 g
- パルメザンチーズ…2 g

1 無塩バターは溶かしておく。

2

ボウルに卵白に粉糖と薄力粉を加えてよくすり混ぜ、溶かしバターを加えて混ぜる。

クリームチーズのエスプーマ

材料(20人分)

- 牛乳…100 g
- グラニュー糖…25 g
- クリームチーズ…20 g
- レモンジュース…数滴
- 生クリーム(35%)…200 g

1

鍋に牛乳とグラニュー糖、クリームチーズを入れて火にかけ、泡立て器で混ぜ合わせながら砂糖とチーズを溶かす。

2 溶けたら火からおろし、粗熱を取り、冷蔵庫で冷やしておく。

3 よく冷えてからレモンジュース、生クリームを加えて混ぜ合わせ、エスプーマに入れ、ガスを充てんする。

3

ボウルに卵黄、グラニュー糖、水を入れ、湯せんにかけながら泡立てる。

4

もったりとしてきたら湯せんからおろし、板ゼラチンを加えて溶かす。ゼラチンが溶けたらボウルの底を氷水にあてて粗熱を取る。

5

冷めたら2に加えてよく攪拌し、冷蔵庫で冷やしておく。

126

ESSENCE エサンス

盛り付け

仕上げ用

キイチゴ、食用花

1

皿にパルメザン風味のチュイールをのせ、マスカルポーネのムースをつめる。

2

上にキイチゴのアイスクリームを重ね、クリームチーズのエスプーマをふんわりと絞り入れる。

3

チュイールのまわりにキイチゴを並べ、食用花の花びらを飾る。

3

パルメザンチーズをすりおろして加え、冷蔵庫で少し休ませる。

4

天板の上にオーブンシートを広げ、3の生地を真四角になるよう薄くのばす。

5

160℃に設定したコンベクションオーブンに入れ、下焼きする。生地が乾いてきたらいったん取り出し、セルクルの高さに合わせてカットする。

6 再度オーブンシートに並べてコンベクションオーブンに入れ、きれいな焼き色がつくまで焼く。

7 焼き上がったら熱いうちに手でくるりと巻き、セルクルに入れて形を整え、この状態で冷まし、形を落ち着かせる。

ラ・ソラシド
LA SORA SEED

『アルケッチァーノ』開発事業部統括料理長 兼
『LA SORA SEED FOOD RELATION RESTAURANT』料理長
秋田和則

▼

ゴルゴンゾーラの個性と、ベリー類との共鳴を魅力に

「アミューズとドルチェ（デザート）には、ハッと驚く要素を取り入れるようにしています。最初の驚きで料理への期待感を持ってもらい、最後の驚きで、いい印象で終わってもらうためです」と秋田シェフ。その上で、数多いイタリアの伝統的なドルチェの中からヒントを得てオリジナル性を出す。おやつではなく食後の一皿と考え、見た目にも華やかさを演出するのが秋田シェフの手法だ。ここでは、定番中の定番のドルチェであるリコッタチーズのタルトをベースに、ゴルゴンゾーラで新しい味わいを出した。ゴルゴンゾーラは、料理には使われることの多い青カビチーズ。塩けや特別な香りは、本来はデザートの材料としては使いにくいもの。しかしその個性をうまく使うことで、印象深く面白いデザートに仕上げた。さらに、『アルケッチァーノ』代表の奥田政行氏が提唱する「食材同士の共鳴」から、ゴルゴンゾーラの塩けと相性の良いカシスをはじめとしたベリー類を合わせ、一つのケーキでも複数の組み合わせで違う味わいを楽しませるよう盛り付けを工夫し、レストランらしい一品に仕上げている。

住所／東京都墨田区押上1-1-2　東京スカイツリータウン・ソラマチ31階
電話／03-5809-7284
URL／http://www.kurkku.jp/lasoraseed/
営業時間／11:00～16:00(L.O.14:00)、18:00～23:00(L.O.21:00)
定休日／年中無休

ゴルゴンゾーラのチーズケーキ 〜赤色の波長で〜

材料と作り方

ゴルゴンゾーラのチーズケーキ 〜赤色の波長で〜

ビスケット・クラム

材料

27cm×37cmの型1台分

シュクレ生地（約6台分：バター600g、粉糖400g、全卵240g、薄力粉1kg）…350g
バター…90g

1 まずシュクレ生地を作る。柔らかくしたバターに粉糖を入れ、混ぜ合わせたら、乳化させるように全卵を加えて混ぜ合わせる。卵が入ったら、ふるった粉を入れて混ぜ、冷蔵庫で1日休ませる。

2
ビスケット・クラムを作る。フードプロセッサーに入れたシュクレ生地に、柔らかくしたバターを加える。バターはシュクレ生地と同じ固さに戻したものを使う。2回くらいに分けて加える。

3
型に入れて、カードで平らに均す。均したら、冷蔵庫で冷やし固める。冷やし固めることで、焼いた時もクリームと一体化せず、サクサク感が残る。

ダリアの花弁
アカシアの蜂蜜
マイクロトマト
さくらんぼ
イチゴ
ラズベリー
ゴルゴンゾーラ・ベイクド
紫蘇パープル
グロゼイロ
カシス
赤紫蘇バジル
ホワイトチョコ
球体のソース
アマランサス
アングレーズソース

リコッタチーズのタルトをヒントに、ゴルゴンゾーラを使い創作したこのケーキ。特徴の一つ目は、シュクレ生地のサクサク感を底面に、なめらかなクリームチーズとほどよい青カビの刺激を持つゴルゴンゾーラチーズのクリームの、少しねっとりした食感の2層にした。二つ目は、レストランならではの一皿として、皿の上で3通りの味を楽しんでもらえるようにした盛り付け。細長くカットしたケーキを3つのパートに分け、左側からチーズケーキそのものを楽しむパート、中央の赤い果実との相性を楽しむパート、そして右側のソースとともに楽しむパートとした。中央の赤い果実は、『アルケッチァーノ』の本店がある山形産を使用。濃厚なチーズの味わいに対して、水けの多い果実や優しい味わいの果実も添え、口直しとしてもらう。また右側のソースは、カシスと山ぶどうのジュースを乳酸カルシウムとアルギン酸で球体化させることで、口の中で弾けるスタイルに仕上げ、驚きを盛り上げるとともに、皿に流したアングレーズソースと合わせることで、一層の味の変化を楽しませる。調理上のポイントは、アパレイユを混ぜ合わせる際には材料同士をなるべく同じ柔らかさにすること。でないとすぐに混ざらずに時間がかかり、素材の状態が変わってしまうからだ。

LA SORA SEED ラ・ソラシド

ゴルゴンゾーラ・ベイクド

材料

27cm×37cmの型1台分
クリームチーズ…750g
グラニュー糖…322g
バター…187g
全卵…3個(180g)
卵黄…6個分(120g)
薄力粉…75g
生クリーム(乳脂肪38％)…225g
レモン汁…22g
ゴルゴンゾーラ・ドルチェ…225g
ビスケット・クラム…1台分

1

ゴルゴンゾーラは半分に分け、半量は電子レンジなどで軽く温め、ヘラなどでかき混ぜながらよく溶かして常温に戻しておく。残りの半量は、5mm大にちぎって冷凍しておく。

2

クリームは常温に戻しておき、ケンミックスに入れ、低速で回す。他の材料と同じ固さにしたら、常温に戻しておいたバターを入れて回す。

3

グラニュー糖を少々ずつ振り入れながら回す。3回に分けて加える。

4

さらに、卵黄を入れながら回す。

5

続いて、全卵を少々ずつ加えながら回す。液体分が多くボールの中が冷たくなるので、バーナーなどで温めながら回す。卵が入ったら、ボールに移す。

6

手で混ぜながら、小麦粉を振り入れる。続いて生クリーム、レモン汁も加え混ぜる。

7

1の溶かしたゴルゴンゾーラを加えて混ぜる。ゴルゴンゾーラの温度が高いと、瞬時に分離するので注意する。

8

材料が入ったら、ダマをなめらかにするため漉す。

9

ビスケット・クラムが冷えて固まったら取り出し、8を流し入れる。

10

1の冷凍しておいたゴルゴンゾーラを、全体にちらす。

11

165℃のコンベクションオーブンで、30分を目安に焼く。時間は表面を見ながら調整する。

12

焼けたら取り出し、粗熱を取って型を外し、冷蔵庫で冷やす。

材料と作り方

LA SORA SEED　ラ・ソラシド

ゴルゴンゾーラのチーズケーキ 〜赤色の波長で〜

盛り付け

1

ゴルゴンゾーラ・ベイクドはカットして皿の中央に盛り、ケーキの中央にベリー類を飾る。

2

ケーキの右側に、ホワイトチョコレートと球体ソースをのせる。

3

アカシアの蜂蜜をかけ、アングレーズソースを流す。周りに赤紫蘇やアマランサス、エディブルフラワーを飾る。

4

3をシリコン型から取り出し、くっつかないよう1つずつ4に落としていく。手鍋の場合はたえず揺すり続ける。

5

しばらくして(5分が目安)、膜ができたら、穴杓子でそっとすくい、水に落とす。すぐに使う場合はそのまま水で、時間を置きたい場合はオリーブオイルなどに落として保存する。

アングレーズソース

材料(30人分)

牛乳…250g
バニラビーンズ…1/4本
グラニュー糖…60g
卵黄…60g

1. 牛乳、バニラビーンズを鍋に入れて火にかけ、沸騰直前まで温める。
2. ボールに卵黄とグラニュー糖を入れ、白っぽくなるまですり混ぜる。
3. 2に、1を少しずつ加えながら混ぜ合わせ、他のボールに漉し入れる。
4. 3は、湯せんにかけてなめらかになるまで混ぜながら火を入れる。
5. さらに裏漉しし、冷水で粗熱を取る。

球体のソース

材料(作りやすい分量)

山ぶどうジュース(原液)…190g
カシス(フレッシュの皮付き)…50g
グラニュー糖…9g
乳酸カルシウム…2g
キタンサンガム…0.8〜1g
アルギン酸ナトリウム…5g
水…1000cc

1. アルギン酸水を作る。アルギン酸ナトリウムはを水に加えて良く混ぜる。すぐには溶けないので、冷蔵庫でひと晩寝かせてとろみのある液体にしておく。

2.

山ぶどうジュースとカシスをミキサーで回し、グラニュー糖で甘さを調整したら、漉し器で漉し、1%量の乳酸カルシウム、0.4〜0.5%量のキタンサンガムを加えて良く混ぜ、ひと晩置いて表面に浮いた泡を取り除き、シリコン型に流して冷凍庫で凍らせる。

3.

1を対流式のウォーターバスに入れて、60℃に設定する。ウォーターバスが無い場合は、手鍋に入れて60℃に温める。

CUISINE FRANÇAISE
Les Sens
フランス料理 レ・サンス

オーナーシェフ　渡辺健善

3つのポイントを重視し、食事を締めくくる一品に

フランス料理レストランにおけるデセール（デザート）として、渡辺健善シェフが常に大切にしているポイントは、以下の3点。「軽さ」「その場限りのはかなさ」「組み合わせ」だ。その時々の食事を締めくくる役割のデザートとして、料理自体のライト化が進む今日、料理と調和させる意味でデザートにも「軽さ」が求められるのが現代の流れだといえる。さらに、「その場限りのはかなさ」こそが、ケーキショップには無いレストランならではの魅力。溶けたり崩れたりしやすく、持ち帰ることができない内容。その時その場で食べてしまわないと楽しめない"はかなさ"が、レストランのデザートの魅力だ。そのためにも、極力作り置きしないものを考える。仕込みはしても、その場でソースを作って流したり、フルーツとの組み合わせを考えたりして、その場限りの味わいを演出する。そして「組み合わせ」は、単品ではなく必ず複数の素材を盛り合わせる。食事の最後としてはやや重めに感じるチーズケーキでも、これら3つのポイントを踏まえることで、フランス料理レストランらしいデザートに仕上げた。

住所／神奈川県横浜市青葉区新石川2-13-18
電話／045-903-0800
URL／http://www.les-sens.com/
営業時間／ランチタイム11:00～14:30、
ティータイム14:30～16:30、ディナータイム17:30～21:00
定休日／月曜日

クリームチーズのエスプーマ ライチ風味

温かいチーズムースと冷たいチーズムースの二重奏

材料と作り方

クリームチーズのエスプーマ　ライチ風味

ライチ
黒胡椒
クリームチーズのエスプーマ
クランブル

クリームチーズのエスプーマ

材料(5人分)

クリームチーズ…60g
ライチジュース…40g
ヨーグルト…30g
生クリーム…100g
砂糖…25g
亜酸化窒素ガス…適量

チーズを使ったデザートは、どうしても重いイメージになってしまう。そうした印象を打ち消すにはどうすればいいかと考案した一皿。硬い食感になるゼラチンは使わず。エスプーマを用いて、ひんやりとしていて、口に入れるとふわっと溶ける食感に仕上げた。「軽い」口当たりを出すとともに、時間とともに変化する「はかなさ」も演出している。こうした内容だと、食欲の落ちる夏場でも出すことができる。使うチーズは、クリームチーズ。ここでの調理上のポイントは、湯せんにかけてクリームチーズを丁寧に溶かすこと。湯せんにかけずに溶かすとダマになり、エスプーマにしても泡にムラが出てしまうからだ。材料を合わせてエスプーマサイフォンにセットし、冷蔵庫で冷やしておけば、オーダー後にすぐに出すことができる。仕込み作業はシンプルで、盛り付けにも時間がかからないという点で、重宝する。ムース自体がふわっと淡い口当たりなので、黒胡椒で鼻に抜ける香りと舌に与えるピリピリとした刺激でアクセントを出し、クランブルのガリガリッとした食応えで食感のアクセントも出した。甘みはわずかだが、組み合わせの変化を楽しませることができれば、必ずしも甘さを強調する必要もない。

1
ボールにクリームチーズを入れ、湯せんにかけて溶かす。ここでチーズを丁寧に溶かすことが重要で、ダマがあるとエスプーマにかけても泡にムラが出る。

2
チーズが完全に溶けたら、ライチジュースを加えて混ぜる。あっさりとした甘さのライチは、クリームチーズとの相性も良い。

CUISINE FRANÇAISE Les Sens　フランス料理 レ・サンス

盛り付け

1

クリームチーズのエスプーマの材料が混ざったら、エスプーマサイフォンにセットし、亜酸化窒素ガスを注入して冷蔵庫で冷やす。冷えたら軽くふり、ライチとクランブルをのせた皿に絞り出す。

2

黒胡椒をふる。冷たく、香りの少ないデザートなので、胡椒のすっきりとした風味をアクセントにした。

クランブル

材料（作りやすい分量）

| バター…60g |
| 薄力粉…125g |
| グラニュー糖…60g |

1 冷えたバターを用意する。薄力粉とグラニュー糖はふるって合わせておく。

2 1の材料をボールに入れ、手で混ぜる。ある程度合わさったら、さらにかき混ぜ両手でこすり合わせたりしてそぼろ状にする。

3 オーブンシートをしいた天板に2を広げ、175℃のオーブンで10分ほど焼く。

3

酸味で全体の味を締めるために、ヨーグルトを入れて混ぜる。

4

生クリームを加えて混ぜる。エスプーマは液体の乳脂肪分が35％以上でないと泡にならないので、ここでは生クリームは乳脂肪45％のものを使用。

5

最後に砂糖を入れて混ぜる。ライチの甘みを補う程度なので、あまり加えない。

6

材料が全て混ざったら、仕込みは終了。これだけなら手間も時間もかからない。

材料と作り方

温かいチーズムースと冷たいチーズムースの二重奏

冷たいチーズムース

材料(8人分)

クリームチーズ…200g
ヨーグルト…100g
生クリーム…150g
ゼラチン…5g
砂糖…60g
レモン汁…少々
●イタリアンメレンゲ
卵白…95g
砂糖…100g
水…35g

- イチゴのコンポート
- ミントの葉
- カカオ風味のサブレ
- 温かいチーズムース（下に冷たいチーズムース）

1 イタリアンメレンゲを作る。卵白を泡立てる。途中で3回に分けて砂糖を加えながら混ぜる。同時に水と砂糖を鍋に入れて火にかけ、シロップが118℃になったら、卵白に少しずつ加えながら泡立てる。

2 ボールにクリームチーズを入れ、湯せんにかけてヘラで混ぜながら柔らかくする。

「その場限りのはかなさ」「組み合わせ」に焦点を当てたもので、フランス料理レストランのデザートらしい一品。冷たく冷やし固めたムースを皿にのせ、その上から温かいムースを「組み合わせ」た。冷たいムースに温かいムースがかかって少し溶け、温かい部分、冷たい部分、中間の部分と、様々な温度を口の中で感じさせる。このため、寒い冬場でも暑い夏場でも、締めの一品として提供しても違和感のないデザートにすることができる。時間とともに溶けて行ってしまうので、その場でしか食べられないという「はかなさ」も感じさせる。なお、上のムースは温かく、冷たいものに比べて香りが立ちやすいので、使用するチーズにはブルーチーズを選択した。通常のケーキに用いられることの少ない青カビのチーズを使うことで、よりインパクトの高い独特の香りを個性とし、それを第一印象にしてもらうことで、デザートの期待感を高める。冷凍した下のムースには、レモンをきかせた。柑橘系の香りと酸味を合わせることで、冷たいムースをよりさっぱりと冷たく感じさせることにした。上のムースも下のムースもイタリアンメレンゲを用い、甘さは軽くしてあるので、ソースとしてイチゴのコンポートとそのソースを添え、丸く抜いて焼いたカカオ風味のサブレで、色彩的なアクセントにするとともに食感の面でのアクセントにし、「組み合わせ」の変化を楽しませる。ミントの葉は粉糖をふって乾かしたものを飾り付けた。

温かいチーズムース

材料(8人分)

クリームチーズ…100g
ブルーチーズ…100g
ヨーグルト…100g
生クリーム…150g
砂糖…60g
レモン汁…少々
●イタリアンメレンゲ
卵白…95g
砂糖…100g
水…35g

1 右ページ1の要領で、イタリアンメレンゲを作る。

2 ボールで、生クリームを八分立てにする。

3

クリームチーズとブルーチーズをボールに入れ、湯せんにかけて溶かし混ぜ合わせる。

4

3が合わさったら、2の生クリームを加えて混ぜ合わせる。

6

4に、5の生クリームを加えて混ぜたら、1のイタリアンメレンゲも加えて混ぜ、最後にレモン汁を加えて混ぜる。

7

スプーンですくって、セルクルの半分のの高さほどまで入れる。

8

冷蔵庫に入れ、凍らせる。ここまでは、前日にでも仕込んでおける。

3

柔らかくなったら、水で戻しておいたゼラチンを入れて溶かす。

4

ヨーグルトを加えて、よく混ぜ合わせる。

5

別ボールで、生クリームを八分立てにする。

材料と作り方

CUISINE FRANÇAISE Les Sens　フランス料理 レ・サンス　　温かいチーズムースと冷たいチーズムースの二重奏

盛り付け

1

冷たいチーズムースが冷え固まったら、セルクルごと皿にのせ、温かいチーズムースを流す。

2

熱で冷たいチーズムースが少し溶けるので、セルクルを抜く。

3

イチゴのコンフィを添え、そのソースを流す。カカオ風味のサブレをちらし、ミントの葉を飾る。

イチゴのコンポート

材料（作りやすい分量）

イチゴ	…500g
水	…100ml
グラニュー糖	…120g
水飴	…少々
レモン汁	…少々

1 イチゴはヘタを切り取る。

2 鍋に1以外の材料を入れて火にかけ、シロップを作る。

3 シロップが沸騰したら、1を入れる。

4 再度沸騰したら、火を止めて常温に置き、粗熱を取る。容器に移して冷蔵庫で保管する。

飾り用ミントの葉

材料（作りやすい分量）

ミントの葉	…適量
卵白	…少々
粉糖	…適量

1 ミントは、茎を取って葉の部分だけを使う。

2 卵白を溶きほぐし、ハケを使って1のミントに薄くぬる。

3 2に粉糖をふり、風のある涼しいところに置き、表面を乾かす。

1のイタリアンメレンゲを加えて混ぜ合わせる。

カカオ風味のサブレ

材料（作りやすい分量）

バター	…200g
砂糖	…170g
卵	…90g
アーモンドプードル	…60g
薄力粉	…450g
カカオパウダー	…30g

1 アーモンドプードル、薄力粉とカカオパウダーは、ふるって合わせておく。

2 フードプロセッサーに冷たいバターを入れ、なめらかになるまで回したら、1を加える。

3 粉類が粗く混ざるよう軽く回す。あまり回し過ぎないよう注意する。

4 粉類が混ざったら、卵を加えて生地をつなぐ程度にざっくり回す。

5 4はひとまとめにし、ラップなどに包んで冷蔵庫に入れ、4〜5時間寝かせる。

6 冷蔵庫から生地を取り出し、あらためて練り直し、麺棒で2mm厚さにのばしたら、25mm、15mm、8mmと3種類の丸型で抜く。

7 オーブンシートをしいた天板にのせ、175℃のオーブンで10分前後焼く。

8 取り出して粗熱を取り、使用する。

140

Fruit & Vegetable Cutting
フルーツ&ベジタブル カッティング

フルーツアカデミー®　　代表 平野泰三
フルーツアーティスト®

フルーツアカデミー®　　校長 平野明日香
フルーツアーティスト®

場を華やかにし、香りの演出にもなるフルーツとベジタブルのカッティング。フルーツカッティングの第一人者、フルーツアカデミー®を主催する平野泰三さんと、同校長の平野明日香さんが、魅惑的なフルーツのカッティングと野菜のカッティングを図解と豊富な写真をまじえて解説します。

■ A4判・216ページ
■ 定価 本体3000円＋税

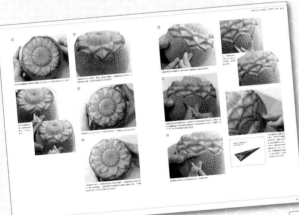

◆ フルーツ カッティング
FURUIT CUTTING

マスクメロン	MUSKMELON
ハネジューメロン	HONEYDEW MELON
クインシーメロン	QUINCY-MELON
スイカ	WATERMELON
パイナップル	PINEAPPLE
洋梨	PEAR
柿	PERSIMMON
リンゴ	APPLE
ネーブルオレンジ	NAVEL ORANGE
パパイヤ	PAPAYA
イチゴ	STRAWBERRY

◆ ベジタブル カッティング
VEGETABLE CUTTING

パプリカ	PAPRIKA
大根	JAPANESE RADISH
人参	CARROT
プチトマト	CHERRY TOMATO
キュウリ	CUCUMBER
カボチャ	PUMPKIN

DVD版も発売予定

旭屋出版　　https://www.asahiya-jp.com

★お求めは、お近くの書店または左記窓口、旭屋出版WEBサイトへ。

French Bar Les Sens
フレンチバル レ・サンス

オーナーシェフ 渡辺健善

▼

話題のチーズケーキを、フレンチテイストでアレンジ

気軽に利用できる価格帯と雰囲気ながら、本格フランス料理をベースにした深い味わいの酒の肴とワインが主体のフレンチバルは、女性客の割合が多く、そのため食後のデザートもメニューには欠かせない。そこで今回、注目したのが近年話題のバスクチーズケーキ。このケーキは、スペイン・バスク地方のタパスバル＆レストランが作って人気を集めたデザート。独自の言語を持つバスク人が住むバスク地方は、スペインとフランスとの国境をまたいで両国に広がっていることもあり、フレンチバルで出すデザートとしても違和感が無い。焼き放しで、見た目にもインパクトがあるその素朴さを活かして、カットしただけでシンプルに盛り付けて出せるこのケーキは、手間がかからず、気軽なバルのスタイルにも合うケーキだ。本場のこのケーキは、生クリームを加えて焼いたベイクドチーズケーキといった感じの、濃厚で柔らかな舌触りが魅力。そうした特徴を踏襲しつつも、よりふわっと柔らかくレアに仕上げて軽く食べられるようにし、ワインを楽しんだ食後でも楽しめる一品にした。

住所／神奈川県横浜市青葉区美しが丘5-2-14
電話／045-530-5939
URL／https://frenchbarlessens.jimdo.com/
営業時間／11:30～14:30L.O.(土曜日、日曜日は14:00L.O.)、
17:30～23:30L.O.(土曜日、日曜日は17:00～23:00L.O.)
定休日／月曜日

バスクチーズケーキ

材料と作り方

バスクチーズケーキ

バスクチーズケーキ

材料

直径12cm、高さ5cmの丸型×2
生クリームチーズ…300g
卵…2個
砂糖…80g
生クリーム…150g
コーンスターチ…20g
バター…47g
粉糖…適量

粉糖

バスク風チーズケーキ

元々は濃厚だが柔らか。オーブンから取り出した時はふっくらと膨らんでいるが、時間とともに中央部が沈んでいくのがバスクチーズケーキ。その特徴を踏襲しつつ、よりふわっと柔らかくなるようレアにアレンジした。柔らかくに仕上げるために、粉は少なめにするのがポイント。しっとり感を出すために、小麦粉ではなくコーンスターチを使った。また、よりふわふわ感を出すため卵を泡立てて加える。ただし合わせる際は、泡をある程度潰す感覚で混ぜ合わせる。さっくり混ぜ合わせてしまうと、焼いた時にスフレのようになってしまい、しっとりとして濃厚な食感が味わいが弱まってしまうからだ。焼き方では、見た目には原型と同じ外見にするため、途中で粉糖をかけてキャラメリゼさせ、かつ中身は半生状になるように一手間をかけた。アレンジとして、クリームチーズとも相性がいいオレンジゼストを入れても美味しく仕上がる。

1

ボールにクリームチーズとバターを入れ、湯せんで完全に混ぜ合わせる。

2

ミキサーに卵と砂糖を入れて、白っぽくなるまですり混ぜる。

144

French Bar Les Sens　フレンチバル レ・サンス

9

すぐにオーブンに戻して、さらに焼く。最初に粉糖をふると、生地が沈んだまま膨らんでこない。

10

中央部がレアの状態で取り出し、そのまま粗熱を取り、冷蔵庫で冷やす。

11

中まで冷えたら、カットして皿に盛る。

6

さらに、ふるったコーンスターチを少量加える。小麦粉でも良いが、コーンスターチの方がしっとり感が増す。

7

ベーキングシートをしいた型に流し入れ、200℃のオーブンで焼く。色づいたらオーブンを180℃に落とす。

8

表面が乾いたら、いったん取り出して粉糖を軽くふる。

3

さらに別ボールで、生クリームを泡立てる。六分立てにする。

4

1のボールに、2を入れて混ぜ合わせる。このとき、さっくりと混ぜると焼いたときに膨らみすぎて、スフレのようになってしまうので、ある程度泡をつぶしながら混ぜるのがポイント。

5

合わさったら、3の生クリームを合わせる。

ビストロ・ノブティックB
Bistro
LA NOBOUTIQUE-B

シェフ　酒巻浩二

◆

客層に合わせ、盛り込んだ要素で様々に楽しませる

レストランに比べて気軽な印象のビストロでも、食事とワインを楽しんだ後のデザートは欠かせないもの。またビストロという大衆的なスタイルでは、デザートもある程度のボリューム感を出したい。その場合、場所柄や客層を念頭に置くことも必要だというのが、酒巻シェフ。同店では立地上、年配のお客が多く料理自体を軽く仕上げているので、デザートも料理の一品ととらえ、料理に合わせてなるべく軽く味わえるようにし、それでいて最後を締める豪華さ、華やかさを出している。あわせて、同店はフルーツをよく使うケーキショップのビストロという点も意識しており、どこかでケーキショップとの統一感をお客に意識してもらえるよう、ソースや付け合せなどにフルーツを使うことが多い。今回のチーズケーキは、デザートとしては重い部類なので、食感でも風味でもさっぱりと軽く楽しめるようにとムースにし、味付けにも配慮した。そしてチーズケーキそのものの個性を楽しむというよりは、盛り込んだいろいろな構成要素を皿の中で合わせながら、味の変化を楽しんでもらえる一品に仕上げている。

住所／東京都板橋区常盤台1-7-8　それいゆ常盤台106
電話／03-6279-8003
URL／http://www.noboutique.net
営業時間／11:30～15:30(L.O.14:30)、
17:30～22:00(L.O.21:00)
定休日／第2・4火曜日

クリームチーズのいちじくソース

材料と作り方

クリームチーズのいちじくソース

- いちじく
- いちじくの赤ワインソース
- ヨーグルトのムース
- マスカルポーネのガナッシュ
- チョコレートソース
- レアチーズクリーム
- ヨーグルトのムース
- ミントの葉

レアチーズクリーム

材料（5人分）

クリームチーズ…100g
サワークリーム…20g
上白糖…20g

1

クリームチーズは常温に戻し、ボールに入れて柔らかくする。

2

サワークリーム、砂糖を加え、ゴムベラでダマがなくなるまでよく混ぜる。

3

別ボールに生クリームを入れ、八分立てにする。

4

2のボールに、3を少量入れて混ぜ、完全に混ざったら再度3を少量加える。3は2～3回に分けて合わせる。

「レアチーズクリーム」「マスカルポーネのガナッシュ」「ヨーグルトのムース」を盛り合わせてソースを流した一品。それぞれに食感を変えており、ヨーグルトのムースにはゼラチンを使い、ぷるんとした食感にした。マスカルポーネのガナッシュは、チョコそれ自体の固まる力で冷やし固めており、意外にしっかりとした食感。レアチーズのクリームも口溶けを良くするためにゼラチンは加えず、3つの中では最もとろっとした食感。味わいの面で意識したのはさっぱり感で、チーズを前面に出して主張することはせず、甘さもあえて控えめにしている。このため、それぞれを単独で食べると、ちょっと物足りないかなという味わい。その足りない部分を、ソースや他の構成要素で補う。つまり、皿の上の構成要素を組み合わせて楽しませることを前提としたデザートだ。ソースはいちじくの赤ワインソースとチョコレートソース。それに生のいちじくも盛り込んでフレッシュ感も楽しませる。

Bistro LA NOBOUTIQUE-B ビストロ・ノブティックB

ヨーグルトのムース

材料(10人分)

生クリーム(乳脂肪40％)…72g
牛乳…160g
粉ゼラチン…16g
水…80g
ヨーグルト…400g
レモン果汁…少量

1. 鍋に生クリームと牛乳を入れ、火にかけて沸騰させる。
2. 粉ゼラチンと水をあわせ、電子レンジで温めて溶かす。
3. 1に2を加え、ヨーグルトも加えて火から下ろしてよく混ぜる。
4. レモン果汁で味を調え、冷蔵庫で冷やし固める。

盛り付け

レアチーズクリーム、マスカルポーネのガナッシュ、ヨーグルトのムースは、それぞれスプーンですくって皿に盛り付ける。いちじくの赤ワインソース、チョコレートソースを彩りよく流し、カットしたいちじくを添え、ミントの葉を飾る。

マスカルポーネのガナッシュ

材料(5人分)

生クリーム(乳脂肪40％)…40g
マスカルポーネ…75g
ミルクチョコレート(製菓用)…75g

1. 鍋に生クリームとマスカルポーネを入れて弱火にかけ、ゴムベラで混ぜながら溶かす。

2. 沸騰してきたらチョコレートを加え、泡立て器でよく混ぜ、完全に溶かす。

3. 容器に入れ、粗熱を取ってから冷蔵庫に入れて冷やし固める。

5. 全て混ざったら容器に入れ、冷蔵庫で冷やし固める。

いちじくの赤ワインソース

材料(5人分)

赤ワイン…200ml
上白糖…35g
いちじく…2個
コーンスターチ…適量

1. 鍋に赤ワインと砂糖を入れ、火にかけて溶かし沸騰させたら、さいの目にカットしたいちじくを加え、煮込む。
2. コーンスターチを加えてとろみをつけ、容器に移して粗熱を取り、冷蔵庫で冷やす。

チョコレートソース

材料(5人分)

生クリーム(乳脂肪40％)…60g
牛乳…40g
ミルクチョコレート(製菓用)…40g

1. 鍋に生クリームと牛乳を入れて弱火にかけ、沸騰してきたらチョコレートを加え、泡立て器でよく混ぜ、完全に溶かす。
2. 容器に入れ、粗熱を取ってから冷蔵庫に入れて冷やす。

Spanish bar BANDA
スペインバル バンダ

オーナー 平野恭誉

店でも、デパートの催事でも大人気のチーズケーキ

スペイン・バスク地方の、美食の町として知られるサンセバスチャンのバル＆レストラン「ラ・ヴィーニャ」のケーキが注目され、ブームに火を付けたバスクチーズケーキ。元々スペインでは、バルでもデザートが充実している。アンダルシアの郷土菓子「トシーノ・デ・シエロ（卵黄のプリン）」や、羊乳をレンネットで固めて蜂蜜などで食べるバスクのデザート「クアハダ」、日本でも知られるカタルーニャのお菓子「クレーマ・カタラーナ」、それに各種ジェラート…などがそれだ。「バルでもデザートをよく食べます。おじさん達が普通に食べているから、バルに行くとデザートは食べたくなる」とオーナーの平野さん。『BANDA』では2016年頃から売りはじめ、今では店だけでなくデパートの催事でも人気を集めている。「このケーキは、スペースが無くても手間がかからずにできるのが利点」と話す。バスクチーズケーキは見た目に真っ黒でインパクトがあるので、店売りでは「黒チーズケーキ」の名で販売。しっかりとしてコクがある味わいを、ワインにも合わせて楽しめるよう、塩を添えて提供している。

住所／大阪府大阪市福島区福島7-8-6　中村ビル1階
電話／06-7651-2252
URL／http://www.cpc-inc.jp/
営業時間／15:00～24:00
定休日／日曜日

バスク風黒チーズケーキ
630円(税別)

バスク風黒チーズケーキ

バスク風黒チーズケーキ

材料

直径12cm×高さ6cm　6個

クリームチーズ…1kg
卵(M玉)…8個
コーンスターチ…18g
白ワイン…100ml
キビ糖…300g
特濃牛乳…200ml

1

クリームチーズは常温に戻しておく。冷たいままだと分離するため。はボールに入れ、ヘラなどで柔らかくする。

2

チーズが柔らかくなったら、卵を割り入れて混ぜる。

スペインで人気のこのチーズケーキは、生クリーム、卵とクリームチーズが1対1対1と言われている。そのレシピを、生クリームは使わずに、特濃の牛乳にしたのが『BANDA』のオリジナル。バルのメニューらしく、ボリュームたっぷりに迫力ある出し方をしたいと、レシピを変更した。生クリームだと濃すぎて食べ飽き、少量でお腹一杯になってしまうが、牛乳だとボリュームがあっても食べられるからだ。ワインを入れるのも特徴。砂糖は、コクが出て香りも良いキビ糖を使用。調理は、店ではコンベクションオーブンを使っているが、火で加熱するオーブンの方がいいという。ムラができて周りの紙が焦げた方が手作り感が強調できるからだ。無添加で香りがいいのがこのケーキの特徴で、しっかりとしてコクがあり、チーズの味わいも楽しめる。焼き立てでも美味しく、なめらかでクリーミー。店ではチーズケーキのしっかりとした味を楽しませるために、冷やして提供する。

Spanish bar BANDA　スペインバル バンダ

9

途中で前後の位置を変えて、まんべんなく火が当たるようにする。

10

焼き上がり。もう少し焼いても良い。焼き立てでも、粗熱を取って冷たく冷やしても美味しい。

6

さらにミキサーでよく混ぜ合わせたら、型に入れる前に、空気を抜くためにしばらく置く。

7

オーブンシートをしいたセルクルに、6の生地を流す。

8

220℃のオーブンで40分。コンベクションオーブンだと15分を目安にする。

3

卵がある程度混ざったら、ミキサーに替えてよく混ぜ合わせる。

4

卵が混ざったら、砂糖とコーンスターチを加えて混ぜる。コクのあるキビ糖を使用している。

5

牛乳とワインを合わせておいたものを加えて、混ぜ合わせる。

153

BREW COFFEE TECHNIQUE ブリューコーヒーテクニック

> "進化"する、
> ブリューコーヒーの
> 器具、抽出の考え方＆技術を、
> 人気店・話題店が解説

■定価 2500円＋税

金属フィルタードリップ
- coresゴールドフィルター
  『丸山珈琲　西麻布店』
- カフェメタル
  『2F coffeee』
- ゴールデンカフェフィルター
  『café et galarie CRO』

ペーパードリップ（NEW TYPE）
- フラワードリッパー
  『珈琲豆処　夢珈　本店』
- クリスタルaドリッパー
  『瑠之亜珈琲　銀座インズ店』
- HARIO V60
  『The Brewers Labo Fusuku coffee』
- カリタ ウェーブドリッパー185
  『The Brewers Labo Fusuku coffee』
- KINTOスローコーヒースタイル
  カラフェセット プラスチック
  『HIBI COFFEE KYOTO』
- ドーナツドリッパー
  『ARiSE COFFEE ENTANGLE』

ペーパードリップ（WIRE TYPE）
- フレームドリッパー
  『自家焙煎珈琲豆 Honey Beans』
- MT. FUJI DRIPPER
  『IFNi Roasting & Co』
- 松屋式オリジナル金枠（5人用）
  『松屋コーヒー』
- 松屋式オリジナル金枠（3人用）
  『フレーバーコーヒー』

NEW STYLE ドリップ
- エアロプレス
  『OGAWA COFFEE 都駅店』
- クレバーコーヒードリッパー
  『LIMENAS COFFEE』
- ハンディブリュー XLサイズ
  『LIMENAS COFFEE』
- アポロくん・ミニ
  『フレーバーコーヒー』　ほか。

■ ブリューコーヒーのメカニズム
■ 注目 BREW COFFEE 器具

スタンダードドリップ
- カリタ陶器製コーヒードリッパー 101ロト
  『炭火煎珈琲　皇琲亭』
- メリタコーヒーフィルター
  『あぶり珈琲』
- KONO式名門2人用ドリッパー
  『HORIGUCHI COFFEE 世田谷店』
- ネルブリュワーNELCCO（ねるっこ）
  『日本ネルドリップ珈琲普及協会』

旭屋出版　https://www.asahiya-jp.com

★お求めは、お近くの
書店または左記窓口、
旭屋出版WEBサイトへ。

ダ・イシザキ
Cucina Italiana Atelier Gastronomico
Da ISHIZAKI

パティシエ　五十嵐克己

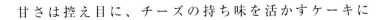

甘さは控え目に、チーズの持ち味を活かすケーキに

素材の持ち味を活かした料理が多いイタリア料理。さらに、パスタやメイン料理など料理にチーズを加えることが多く、コース料理ならどの皿かでチーズが意識されるのもイタリア料理の特徴といえる。もちろん、ドルチェ（デザート）にもチーズを使うものがよく知られている。レストランのコースではデザートも料理の一つと捉えることが大切で、食事の最後の一皿として、チーズを使ったケーキには使用するチーズの持つ個性を活かすよう心がける。そのチーズ独自のコクやうま味だけでなく、酸味や苦みをダイレクトに出すようにし、あわせてチーズの特徴を損なわないよう、甘みはあまり強くしないのもポイントだ。また近年、イタリア料理でも料理自体は軽く仕上げるようになってきた。それに合わせて最後に食べるデザートも軽く、という発想が定番になっているがこれからは、「逆に料理が軽いのだから、最後に食べるデザートはがっつりと重くして満足感を高める、という考え方でのデザートづくりをしてもいいのではないか」と、同店オーナーシェフの石崎幸雄氏は語る。

住所／東京都文京区千駄木2-33-9
電話／03-5834-2833
URL／https://www.daishizaki.com/
営業時間／11:30～14:30(L.O.13:30)、18:00～23:00(L.O.21:30)
定休日／月曜日（祝日の場合は翌日に振替え）

ティラミス

タルト・フロマージュ

スフレチーズケーキ

カマンベールチーズケーキ

材料と作り方

ティラミス

粉糖
ティラミス
ココア

材料（5人分）

30cm×25cm×4.5cmのバット1台分

下段
マスカルポーネ…250g
グラニュー糖…75g
卵黄…80g
生クリーム…250g

上段
リコッタチーズ…250g
グラニュー糖…75g
板ゼラチン…6枚
生クリーム…250g

サヴォイアルディ…24本
エスプレッソ…240ml
グラニュー糖…50g
ラム酒…10ml

ココア…適量
粉糖…適量

1990年の爆発的なブームから早30年。イタリアのチーズケーキといえば、ティラミスがまず最初に挙がるほど、知名度の高いケーキだ。基本的なレシピは多くの人が知っていて、それだけに、多くのシェフにとっては"今さら感"があるケーキではあるが、それでも意外に知られていないこともあるので、魅力アップのためのポイントや新しいアレンジの仕方をして取り上げてみた。イタリア料理では、デザートの後にエスプレッソなどのカフェを飲むので、ケーキを食べた後にコーヒーを求めたくなる味にすることが大切。ティラミスにはコーヒーが使われるので、店のエスプレッソを使いたい。濃くビター感のある豆なら、濃いめのチーズにしてもよい。ここでは従来のオーソドックスなティラミスではなく、アレンジをして新しさを感じさせられるようにした。それが、マスカルポーネ以外のチーズも使うという点。サヴォイアルディを重ねて、一番下にはやわらかなチーズのクリームを、その上には、それより固めのリコッタチーズを使ったチーズクリームを重ねる。リコッタのクリームは白で色を乗せやすいので、抹茶パウダーを合わせるなどして、2色2層にすると、見た目のインパクトを出すこともできる。

1

エスプレッソを抽出し、グラニュー糖とラム酒を加え、混ぜ合わせて溶かしておく。チーズの個性も出したいので、チーズの味わいに合わせてエスプレッソはやや薄めでもよい。

160

Cucina Italiana Atelier Gastronomico Da ISHIZAKI　ダ・イシザキ

8

3の残りのサヴォイアルディをしき詰め、残りのエスプレッソをハケでぬる。

9

上段のクリームを作る。リコッタをボールに入れ、泡立て器を使ってなめらかになるまでほぐす。

10

グラニュー糖を加え、湯せんにかけながらなめらかになるまで混ぜ合わせる。

5

白っぽくなったら、マスカルポーネを加えてよく混ぜ合わせる。

6

別ボールで生クリームを泡立て、5のボールに入れて混ぜ合わせる。

7

混ざったら、3のバットに流し入れるて表面を平らにならす。

2

サヴォイアルディは、厚みを半分にカットしておく。

3

バットに2のサヴォイアルディの半量を敷き詰め、1のエスプレッソをハケでぬって湿らせる。エスプレッソをどのくらいぬるかによっても味が変わるので、調整する。

4

下段のクリームを作る。ボールに卵黄とグラニュー糖を入れ、湯せんにかけてすり混ぜる。

材料と作り方

ティラミス

盛り付け

1

端からスプーンですくい取り、器に盛り付ける。

2

彩りとして、ココアと粉糖をふる。

14

冷蔵庫に入れて冷やす。表面が固まり、サヴォイアルディがしっとりとなったら完成。

11

ゼラチンは氷水でふやかしておき、10に加えてよく混ぜ、溶かす。少し湯せんにかけてもよい。

12

なめらかになったら、泡立てた生クリームを加えて混ぜ合わせる。

13

8のバットに流し入れ、表面を平らにならす。

162

Cucina Italiana Atelier Gastronomico Da ISHIZAKI　ダ・イシザキ

タルト・フロマージュ

シュクレ生地

材料

直径15cmのタルト型1台
バター…90g グラニュー糖…50g 卵…18ml 薄力粉…150g

1. バターは常温に戻してボールに入れ、ヘラで混ぜてクリーム状にしたら、グラニュー糖を加えてゆっくりとすり合わせる。
2. 砂糖が溶けたら、溶きほぐした卵を少量ずつ入れながら、分離した状態がなくなるまで混ぜる。
3. ふるった薄力粉を加え、さっくりと混ぜ合わせる。
4. ざっとまとまったら、ラップに包んで冷蔵庫で一晩休ませる。

タルトフロマージュ

材料

直径15cmのタルト型1台
クリームチーズ…140g グラニュー糖…22g 水飴…35g 塩…ひとつまみ バター…25g レモンジュース…3ml 生クリーム…10ml 薄力粉…10g シュクレ生地…1台分

- タルトフロマージュ
- ラズベリー
- イチゴ
- バニラアイス
- アングレーズソース

イタリア料理のドルチェとしては、焼き放しのタルトは種類が非常に豊富。持ち帰って食べるケーキショップのメニューだけでなく、店内で食べるレストランのドルチェでも、品揃えの中で必ず1～2品は置いている店が多い。伝統的にも外せないメニューの一つ。その中でも、チーズを使うタルト・フロマージュは定番中の定番といっていい欠かせない一品といえる。特にローマ料理のタルト・フロマージュは、リコッタチーズのタルト（クロスタータ・ディ・リコッタ）としてよく知られているように、チーズはリコッタチーズのみを使い、レーズンやオレンジの皮などを入れて楽しませる。そのアレンジとして、より軽さを感じさせるために、リコッタチーズの代わりにクリームチーズを使用した。1日置いて締めたとき、リコッタではパサつきが出て舌に重く感じられるのに対して、クリームチーズは時間を置いたときにより軽さを感じさせる。中には具材は加えず、チーズの個性を活かすために、あえてチーズのみにした。その分、味わいはシンプルになるので、食事の後に食べるタルトとして、盛り付けの際にフルーツと合わせたり、アングレーズソースを流したりして、「風味」「軽さ」に変化をつける。

材料と作り方

タルト・フロマージュ

6

混ざったらレモン汁を加えて混ぜ、最後にふるった薄力粉を加えて軽く混ぜ合わせる。

7

1の型が冷え固まったら取り出し、ピケをする。

8

6を入れて平らにならし、軽く叩いて中の空気を抜く。

3

混ざったら、少量ずつバターを入れながら混ぜ、乳化させる。

4

バターが入ったら、生クリーム少量を注いで混ぜる。

5

2の残りのクリームチーズを加えて、湯せんにかけながら混ぜ合わせる。

1

前日に合わせておいたシュクレ生地を取り出し、麺棒で3mm厚さにのばし、型に敷き込む。生地をしっかりとおさえて型と生地の間の空気を抜いたら、冷蔵庫で休ませる。

2

アパレイユを作る。半量のクリームチーズをボールに入れ、水飴を入れて混ぜ、さらにグラニュー糖と塩を入れて湯せんにかけながら混ぜる。

164

Cucina Italiana Atelier Gastronomico Da ISHIZAKI　ダ・イシザキ

4

全体に粉糖をふる。

5

バニラアイスを添える。

盛り付け

1

焼けたタルトは、取り出して型を外し、冷ましておく。完全に冷めたらカットして皿に盛る。

2

ヘタを取って半分にカットしたイチゴ、ブルーベリーを添える。

3

味に変化を出すため、ソースとしてアングレーズソースを流す。

9

200℃のガスオーブンに入れ、30分を目安に焼く。

アングレーズソース

材料（作りやすい分量）

卵黄…1個
砂糖…20g
牛乳…150ml

1 牛乳は、鍋に入れて火にかける。

2 卵黄と砂糖をボールに入れ、白っぽくなるまですり合わせる。

3 1が人肌になったら、2に少量ずつ加えながら混ぜる。

4 牛乳が全て入ったら、網で裏漉ししながら鍋に戻し、弱火にかけ、沸騰させないようにかき混ぜる。とろみが出てきたら火から下ろし、氷水で冷やしながら混ぜ、冷めたら冷蔵庫で保存する。

材料と作り方

スフレチーズケーキ

- アングレーズソース
- スフレチーズケーキ
- ラズベリー
- アメリカンチェリー

スフレチーズケーキ

材料

直径12cmの丸型1台分
クリームチーズ…150g
バター…20g
グラニュー糖…10g
卵黄…1個分
卵白…1個分
塩…ひとつまみ
生クリーム…40ml
練乳…10ml
レモンジュース…10ml
薄力粉…15g

1

クリームチーズをボールに入れ、バターと10gのグラニュー糖を加えて、湯せんにかけながら混ぜ合わせる。

2

なめらかに混ざったら、塩、卵黄を加えて混ぜる。

チーズケーキの分類として、レア、ベイクドにスフレもあるので、イタリア料理の感覚でスフレタイプのチーズケーキを考案した。スフレといっても焼きたてをすぐに出すことはせず、スフレ状に焼いたものをいったん冷蔵庫に入れて締めてから盛り付けた、しっかりしたタイプのドルチェ。クリームチーズにバターを加え、さらに生クリームと練乳も足して深いコクと味わいを出したのが特徴。ほのかな酸味も感じさせる。クリームチーズの酸味を強調する意味で、ゼストを入れたり柑橘類の香りをプラスしたりするアレンジも良い。ねっとりとした食感があり、コクもあって濃厚な味わい。そのケーキをさっぱりとさせるために、ソースとしてバルサミコ酢を組み合わせた。イタリア料理では、締めのドリンクはエスプレッソが定番だが、このドルチェには紅茶の方が合う。あるいは、冬場ならば甘口のホットワインも合わせても面白い。

Cucina Italiana Atelier Gastronomico Da ISHIZAKI　ダ・イシザキ

盛り付け

1

焼けたスフレチーズケーキは冷蔵庫に入れ、冷めたら型から抜いてベーキングシートをはがし、カットして器に盛り、粉糖をふる。

2

ブルーベリーは、少量のバルサミコ酢で和えて添える。

3

アメリカンチェリーを添え、アングレーズソースを流す。

6

底面と壁面にベーキングシートをしいた型に流し込む。

7

湯せんにかけ、160℃のオーブンで50分焼く。

アングレーズソース

「タルト・フロマージュ」165ページ参照

3

さらに生クリーム、練乳とレモン汁を加えて混ぜ合わせる

4

ふるった薄力粉を加え、軽く混ぜ合わせる。

5

別ボールに卵白と1の残りのグラニュー糖を入れ、泡立てたら、4に加えて泡を潰さないようにさっくりと混ぜ合わせる。

材料と作り方

カマンベールチーズケーキ

- アメリカンチェリー
- カマンベールチーズケーキ
- ジェノワーズ
- 漉したジェノワーズ
- バルサミコ酢ソース

ジェノワーズ

材料

直径12cmのセルクル1台分

卵…2個
グラニュー糖…45g
バター…20g
薄力粉…50g

1. バターはボールに入れ、湯せんにかけ、澄ましバターにしておく。
2. 別ボールで卵をほぐしたら、グラニュー糖を加え、湯せんにかけながら白っぽくなるまで泡立てる。
3. 2がリボン状になったら、ふるった薄力粉を加えてさっくりと混ぜ合わせる。
4. 粉がなくなったら、1のバターを加えてさっくりと混ぜ合わせる。
5. 底と側面にベーキングシートをしいた型に流し入れ、160℃のオーブンで25分焼く。
6. 焼き上がったらオーブンから出し、型を逆さにして網などの上に置き、5分ほどしたら、型から出してそのまま粗熱を取り、ベーキングシートを外し、乾燥しないよう袋などに入れて冷蔵庫で一晩寝かせる。

レアチーズケーキの一つとして考案。前菜料理のカプレーゼのイメージで、フレッシュ感を強調してチーズの個性を活かした。実は、一般にイメージされるレアタイプのチーズケーキは、イタリアでは本来はケーキショップのケーキとしてレストランでは扱わないことが多い。これは、食後にテーブルチーズを食べる習慣がないイタリアでは、チーズの味わいが強く、酸味も比較的あるレアチーズケーキは、食事の後には強すぎるため。ただし食事の後に出すことを考えると、メイン料理に何を食べたか次第で、お勧めできる。例えば、脂肪分の濃厚な肉料理の後などに、このケーキを、フランスのようにテーブルチーズと考えてお勧めするというわけだ。そのために、素材と配合を調整してチーズ感の高いケーキとした。レアチーズケーキは、一般的にはクリームチーズで作るところを、ここではあえてフランス産チーズであるカマンベールチーズを用い、リコッタチーズを合わせて使用することで個性とした。カマンベールは独特の香りがあり、味わいの面でも酸味があってコクも味も強い。それに対して、リコッタチーズは素朴で味もあまりないので、合わせることで軽い味わいに仕上げた。カマンベールを使ったことから、仕上がりもカマンベールのような形にした。

168

Cucina Italiana Atelier Gastronomico Da ISHIZAKI　ダ・イシザキ

カマンベールチーズケーキ

材料

直径12cm×高さ4cmのセルクル1台分
カマンベールチーズ…70g
リコッタチーズ…100g
グラニュー糖…18g
甘口のデザートワイン…10ml
板ゼラチン…2g
生クリーム…60ml
レモンジュース…7ml
ジェノワーズ…1台分

1

焼いておいたジェノワーズは、5mm厚さにカットし、セルクルにしく。

2

残ったジェノワーズは、飾り用として網で粗く漉しておく。

3

ボールにカマンベールとリコッタを入れ、混ぜ合わせる。

4

混ざったらグラニュー糖を入れ、全体がなめらかになるまで混ぜ合わせる。少し湯せんにかけて混ぜてもよい。

5

別ボールで生クリームを泡立てる。板ゼラチンは、氷水でふやかしておく。

6

別ボールに5のふやかしたゼラチンを入れ、甘口のデザートワインを注ぎ、湯せんで溶かす。

7

4にレモン汁を入れて混ぜ合わせたら、6を少量加えて混ぜ合わせる。

8

5の泡立てた生クリームを入れて混ぜ合わせる。

Cucina Italiana Atelier Gastronomico Da ISHIZAKI　ダ・イシザキ

材料と作り方

カマンベールチーズケーキ

盛り付け

1

1人分にカットし、器に盛り付ける。漉したスポンジの残りををちらす。

2

バルサミコ酢のソースを皿に流す。

3

仕上げに、アメリカンチェリーを添える。

12

仕上げ用の生クリームをボールに入れ、グラニュー糖を入れて8分立てにしたら、11にナッペする。

13

2の網で漉したものを全体にまぶしつけて、粉糖をふる。

9

最後に6を注ぎながら混ぜ合わせる。

10

1の型に9を流し入れ、軽く叩いて空気を抜き、表面をならして冷蔵庫で冷やし固める。

11

固まったら冷蔵庫から取り出し、セルクルを抜く。

170

旭屋出版　カフェ・バッハの本

最新刊！

小規模で強い店をつくる
カフェ開業の教科書

自家焙煎コーヒーの第一人者であり、全国各地のカフェの開業を指導してきた『カフェ・バッハ』オーナーの田口 護氏。田口氏が45年にわたる経営の中で築き上げてきた、開業経営の成功ノウハウをまとめた一冊。

●本書の主な内容●

- ◆おいしいコーヒーを淹れるために、どんな道具を選ぶ？
- ◆コーヒーの自家焙煎を始めようとする方へ
- ◆コーヒーカップの選び方・使い方
- ◆メンテナンスの大切さを知ってください
- ◆いい店づくりは、「掃除」から始まる
- ◆やっぱり「整理整頓」は大事
- ◆ユニフォームには大切な役割があります
- ◆カメラ＆パソコンを上手に使って販促物を作る
- ◆店名、ロゴマーク、看板、入り口まわり
- ◆"人に優しい"カウンターづくりを
- ◆基本の接客サービス、個人への接客サービス
- ◆コーヒーの品揃えと、カフェのお菓子・パン
- ◆【巻末付録】開業のための備品リスト便利帳

■A5変・272ページ
■定価　本体1,500円+税

※本書は月刊「カフェ&レストラン」で連載した『カフェ・バッハの「もの」「こと」「ひと」』を加筆・訂正し、新企画を加えて再編集したものです。

著者・田口 護（たぐち・まもる）

プロフィール
1938年、北海道札幌生まれ。1968年、東京都台東区日本堤（旧・山谷）で『カフェ・バッハ』を開業。1980年、後進指導のため柴田書店（現・柴田書店イータリンク）主催で「コーヒー自家焙煎セミナー」をスタートし現在も継続中。技術と原料の互助のためバッハコーヒーグループを組織。2012年、「田口護のスペシャルティコーヒー大全」（NHK出版刊）で第3回・辻静雄食文化賞受賞。現在、カフェ・バッハ店主。(株)バッハコーヒー代表。2012年から日本スペシャルティコーヒー協会会長。

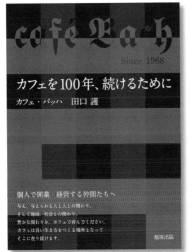

好評既刊

カフェを100年、続けるために
コーヒーの名店『カフェ・バッハ』田口 護の経営哲学

26坪・36席の店で、月に2〜3トンものコーヒー豆を販売。コーヒーの名店として全国に知られる『カフェ・バッハ』。夫婦2人の大衆食堂からカフェにリニューアルし、自家焙煎、自家製のケーキとパンにも取り組み、現在の驚異的な成功を築き上げてきた。バッハの歴史は、お客、地域、社会と常に関わり合い、互いに与え合う関係を築くまでの歩みでもある。その約半世紀を振り返り、豊富なエピソードを交えながら、カフェという商売の本質を伝える。

■A5変・224ページ　■定価　本体1,300円+税

※本書は月刊「カフェ&レストラン」で連載した『素晴らしき哉、カフェ経営』を加筆・訂正し、新企画を加えて再編集したものです。

お申し込みはお早めに！　旭屋出版　https://www.asahiya-jp.com

人気パティスリー＆人気レストラン
お店の紹介
チーズケーキの掲載ページ

Pâtisserie idée
パティスリー イデ　　　　　　　　　　　　　　　　　　　　　　　P085

住所／兵庫県尼崎市武庫之荘2-23-16 ojフィールド101
電話／06-6433-1171
URL／http://idee-idee.net/
営業時間／10:00～20:00
定休日／水曜日

PÂTISSERIE étonné
パティスリー エトネ　　　　　　　　　　　　　　　　　　　　　　P077

住所／兵庫県芦屋市大桝町5-21
電話／0797-62-6316
URL／https://www.facebook.com/etonne71/
営業時間／10:00～19:00
定休日／火曜日、不定休

PÂTISSIER SHIMA
パティシエ・シマ　　　　　　　　　　　　　　　　　　　　　　　　P014

パティシエ・シマ
住所／東京都千代田区麹町3-12-4
麹町KYビル1F
電話／03-3239-1031
営業時間／10:00～19:00（月～金）、
10:00～17:00（土）
定休日／日曜日・祝日
URL／http://www.patissiershima.co.jp

ラトリエ・ド・シマ
住所／東京都千代田区麹町3-12-3
トウガビル1F
電話／03-3239-1530
営業時間／11:00～19:00（月～金）
定休日／土曜日・日曜日・祝日
URL／http://www.patissiershima.co.jp

Pâtisserie Chocolaterie Chant d'oiseau
パティスリーショコラトリー シャンドワゾー　　　　　　　　　　　　P046

パティスリーショコラトリー
シャンドワゾー
住所／埼玉県川口市幸町1-1-26
電話／048-255-2997
営業時間／10:00～20:00
定休日／不定休
URL／http://www.chant-doiseau.com

姉妹店
シャンドワゾー グラシエ
ショコラティエ
住所／埼玉県川口市栄町2-2-21
電話／048-299-2189
営業時間／10:00～19:00
定休日／不定休

tête en l'air
テタンレール

P059

住所／兵庫県西宮市二見町12-20
電話／0798-62-3590
営業時間／10:00〜20:00
定休日／無休

Delicius
デリチュース

P069

住所／大阪府箕面市小野原西6-14-22
URL／http://www.delicius.jp
電話／072-729-1222
営業時間／10:00〜20:00
定休日／火曜日(祝日の場合は営業)

Pâtisserie & Café DEL'IMMO
パティスリー&カフェ デリーモ

P020

住所／東京都千代田区有楽町1-1-3　東京ミッドタウン日比谷B1F
電話／03-6206-1196
営業時間／11:00〜23:00(L.O.22:00)
定休日／施設に準じる
URL／http://www.de-limmo.jp
他に目白店、渋谷ヒカリエ店、京都店

Avril de Bergue
ベルグの4月

P027

住所／神奈川県横浜市青葉区美しが丘2-19-5
電話／045-901-1145
営業時間／9:30〜19:00
休業日／設備点検のため年3日ほど休業(ホームページ等で告知)
URL／http://www.bergue.jp
SNS等で最新情報を更新中

pâtisserie LA NOBOUTIQUE
ラ・ノブティック

P052

住所／東京都板橋区常盤台2-6-2　池田ビル1階
電話／03-5918-9454
URL／http://www.noboutique.net
営業時間／10:00〜20:00
定休日／第2・4火曜日

Les goûters
レ・グーテ　　　　　　　　　　　　　　　　　　　　　　　　　　　P094

住所／大阪府大阪市西区京町堀1-14-28　UTSUBO＋2　1階
電話／06-6147-2721
URL／http://les-gouters.com/
営業時間／11:00〜19:00
定休日／月曜日、火曜日

Cucina Italiana Atelier Gastronomico Da ISHIZAKI
ダ・イシザキ　　　　　　　　　　　　　　　　　　　　　　　　　P155

住所／東京都文京区千駄木2-33-9
電話／03-5834-2833
URL／https://www.daishizaki.com/
営業時間／11:30〜14:30(L.O.13:30)、18:00〜23:00(L.O.21:30)
定休日／月曜日(祝日の場合は翌日に振替え)

ESSENCE
エサンス　　　　　　　　　　　　　　　　　　　　　　　　　　　P116

住所／東京都三鷹市下連雀2-12-29 2F
電話／0422-26-9164
営業時間／11:30〜14:00、18:00〜21:00
定休日／月曜日

Crony
クローニー　　　　　　　　　　　　　　　　　　　　　　　　　　P102

住所／東京都港区西麻布2丁目25-24
NISHIAZABU FTビル MB1F(半地下１階)
電話／03-6712-5085
営業時間／18:00〜26:00
コース18:00〜20:00(L.O)　wine bar 21:30〜25:00(L.O)
定休日／日曜日、不定休あり

LA SORA SEED
ラ・ソラシド　　　　　　　　　　　　　　　　　　　　　　　　　P128

住所／東京都墨田区押上1-1-2　東京スカイツリータウン・
ソラマチ31階
電話／03-5809-7284
URL／http://www.kurkku.jp/lasoraseed/
営業時間／11:00〜16:00(L.O.14:00)、18:00〜23:00(L.O.21:00)
定休日／年中無休

THIERRY MARX
ティエリー・マルクス

住所／東京都中央区銀座5-8-1 GINZA PLACE 7F
電話／03-6280-6234
営業時間／ランチ 11:30～15:30(L.O.14:00)
ディナー 18:00～22:00(L.O.21:00)、
バータイム 20:30～22:00(L.O.21:30)
定休日／レストラン営業は無休 ※バータイムは日・祝 定休
URL／https://www.thierrymarx.jp/dining/

P107

Bistro LA NOBOUTIQUE-B
ビストロ・ラ・ノブティックB

住所／東京都板橋区常盤台1-7-8 それいゆ常盤台106
電話／03-6279-8003
URL／http://www.nobutique.net
営業時間／11:30～15:30(L.O.14:30)、
17:30～22:00(L.O.21:00)
定休日／第2・4火曜日

P146

Spanish bar BANDA
スペインバル バンダ

住所／大阪府大阪市福島区福島7-8-6 中村ビル1階
電話／06-7651-2252
URL／http://www.cpc-inc.jp/
営業時間／15:00～24:00
定休日／日曜日

P150

CUISINE FRANÇAISE Les Sens
フランス料理 レ・サンス

住所／神奈川県横浜市青葉区新石川2-13-18
電話／045-903-0800
URL／http://www.les-sens.com/
営業時間／ランチタイム11:00～14:30、
ティータイム14:30～16:30、ディナータイム17:30～21:00
定休日／月曜日

P133

French Bar Les Sens
フレンチバル レ・サンス

住所／神奈川県横浜市青葉区美しが丘5-2-14
電話／045-530-5939
URL／https://frenchbarlessens.jimdo.com/
営業時間／11:30～14:30 L.O.(土曜日、日曜日は14:00L.O.)、
17:30～23:30 L.O.(土曜日、日曜日は17:00～23:00L.O.)
定休日／月曜日

P142

人気パティスリー & 人気レストラン
チーズケーキの技術

発行日 　2019年10月20日　初版発行

編著　　旭屋出版書籍編集部

発行者　早嶋　茂

制作者　永瀬正人

発行所　株式会社 旭屋出版

　　　　〒160-0005

　　　　東京都新宿区愛住町23-2 ベルックス新宿ビルⅡ 6階

　　　　郵便振替　00150-1-19572

　　　　TEL　03-5369-6423（販売）

　　　　　　　03-5369-6424（編集）

　　　　FAX 03-5369-6431（販売）

　　　　旭屋出版ホームページ　https://www.asahiya-jp.com

印刷・製本　株式会社 シナノ

許可なく転載・複写、ならびにweb上での使用を禁じます。

落丁本・乱丁本はお取り替えいたします。

定価はカバーに表示してあります。

ⓒ Asahiya shuppan 2019, Printed in Japan

ISBN978-4-7511-1396-7 C2077

●編集・取材　井上久尚　森正吾

●取材　　　　駒井麻子　那須陽子　三神さやか　志木田理恵　西 倫世

●撮影　　　　後藤弘行／曽我浩一郎（旭屋出版）

　　　　　　　野辺竜馬　徳山喜行　佐々木雅久　川井裕一郎

　　　　　　　松井ヒロシ　丸谷達也

●デザイン　　冨川幸雄（studio Freeway）